AF353331

Cómo hacer Juguetes que funcionan

Muchas máquinas y aparatos sencillos con movimiento

Cómo hacer
Juguetes que funcionan

SEGUNDA EDICIÓN

Escrito y proyectado por:
Heather Amery

Colaboradores: Christopher Carey,
Andras Ranki, Diane Dorgan,
Leonard Smith, Andrew Calder

Diseñado por:
David Armitage y Patricia Lee
Ilustrado por:
Neil Ross

Asesor Educativo:
Frank Blackwell

Adaptación:
Antonio Zorita García

Sobre Este Libro

**Este libro trata de varias
formas de hacer juguetes,
máquinas, modelos y juegos en
casa. Fabrícalos tú mismo,
usando los materiales que
tengas a tu alcance u otros que
fácilmente puedas conseguir en
papelerías, etc.
Para hacer casi todos los
juguetes de este libro, lo que
vas a necesitar será: papel,
cartón, cartulina, botellas y
envases de plástico, tubos de
cartón y rollos, pajitas de beber,
cajas y plastilina. Las medidas
que te damos son una simple
guía. Tú puedes hacer las cosas
del tamaño que más te guste.**

**Según vayas haciendo los
juguetes, los podrías ir
recubriendo de papeles de
colores o bien los puedes pintar
una vez que los tengas
terminados.**

**Recuerda que debes usar un
pegamento, que seque bastante
rápido como el UHU o el
BOSTIK. Cuando se trate de
poliuretano, necesitarás un
pegamento fuerte del tipo
COPYDEX.**

Cómo hacer Juguetes que funcionan

Contenido

Insecto Lunar que se Arrastra

Da vueltas al motor del Insecto Lunar. Déjalo en el suelo y verás cómo se arrastra él solo lentamente.

Necesitarás
Un carrete de hilo vacío.
Un fósforo usado.
Una banda de goma fuerte.
Una vela, lápiz y tijeras.
Un palo de unos 10 cm. de largo.
Una hoja de papel grueso.
Cartón grueso y cinta adhesiva.
Cartón ondulado.
Alambre delgado.
Un cuchillo de mesa.

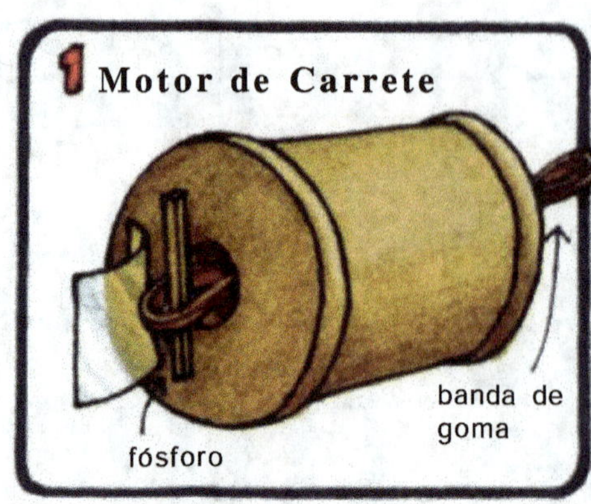

Mete la banda de goma por el carrete. Introduce un fósforo por una de las anillas de la banda de goma. Pega el fósforo a ella, con un trocito de cinta adhesiva.

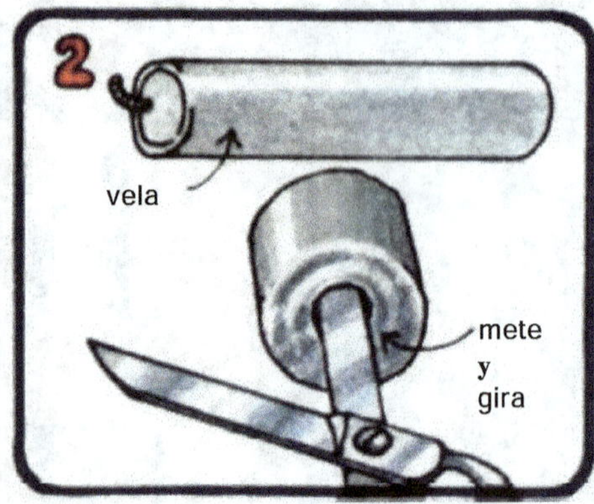

Corta un trozo de 1 cm. de ancho, del extremo de una vela con un cuchillo. Haz un agujero en el trozo cortado de la vela, usando una hoja de las tijeras.

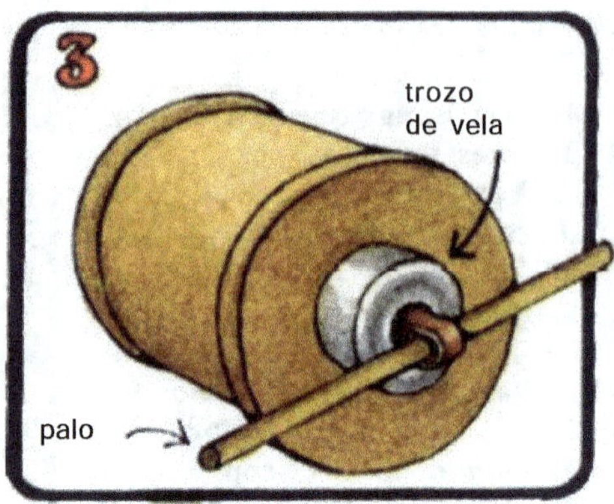

Mete el otro extremo libre de la banda de goma, por el orificio que has hecho en el trozo de vela cortado. Pasa el palo por dentro de la banda de goma.

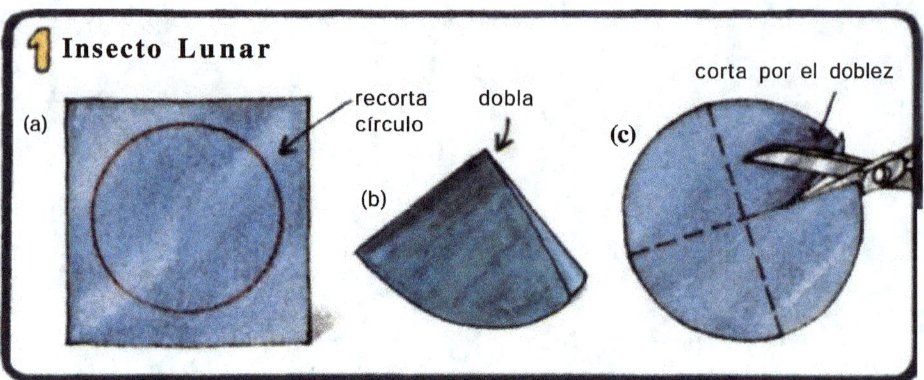

Dibuja un círculo sobre el papel grueso (a), y recórtalo. Dobla el círculo por la mitad y luego otra vez por la mitad (b).

Desdobla el papel y corta por un doblez sólo hasta el centro (c).

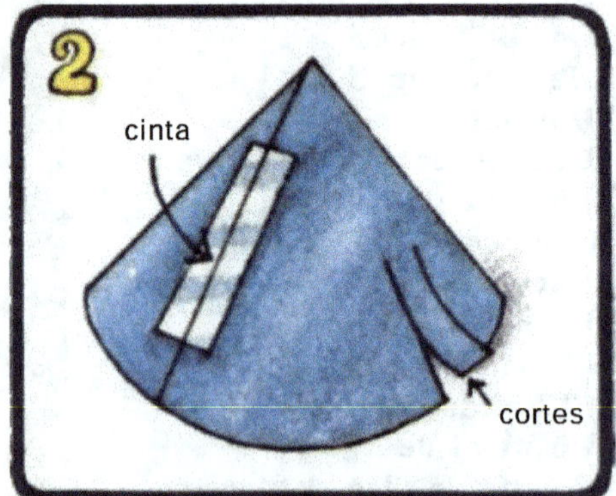

Enrolla el papel en forma de cono. Sujeta los bordes con cinta para que no se abran. Haz dos cortes en el cono de papel formando una especie de solapa.

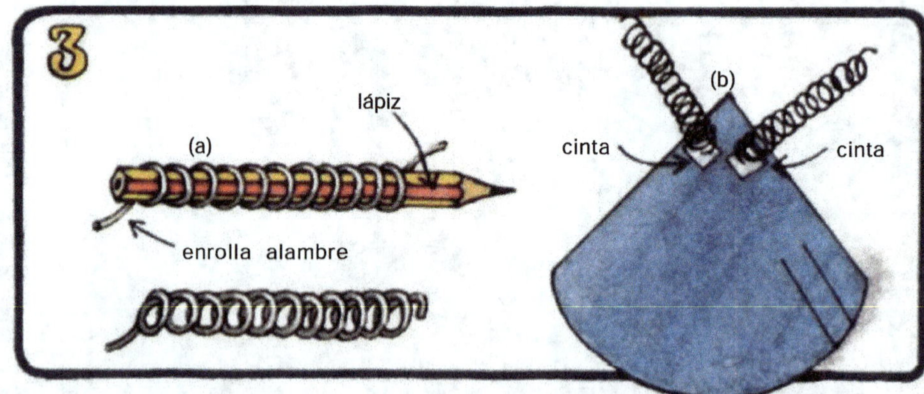

Para hacer las antenas, enrolla un trozo de alambre en torno a un lápiz (a), y sácalo después. Haz lo mismo con otro trozo de alambre y pégalos al cono de papel, con cinta adhesiva (b).

Da vueltas al motor de carrete de hilo. Pon el cono de papel por encima, haciendo que un extremo del palo sobresalga por la solapa de abajo.

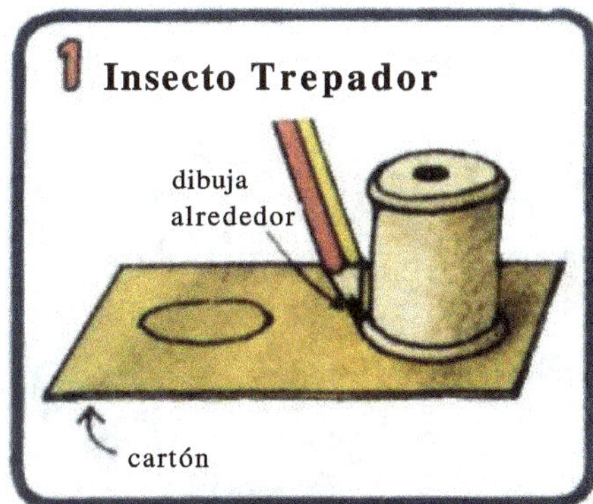

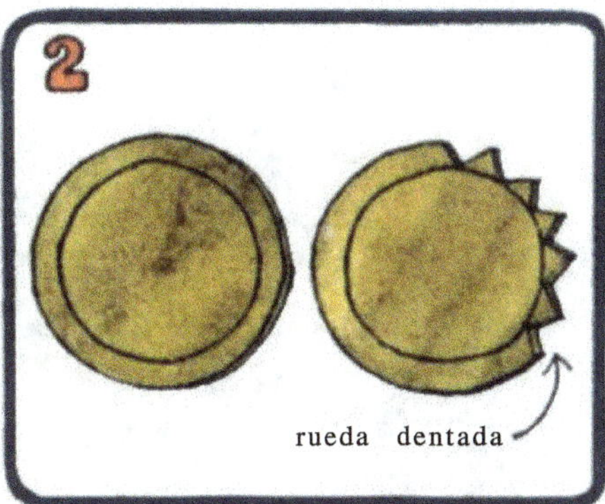

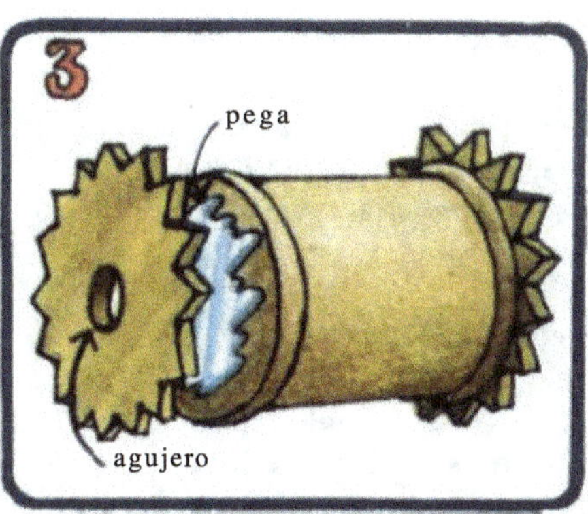

Coloca un carrete de hilo sobre un trozo de cartón y dibuja una línea alrededor. Dibuja otro círculo.

Recorta los dos círculos un poquito más grandes que lo que indican las marcas. Recorta unos trocitos a todo el contorno para hacer unas ruedas dentadas.

Pega un círculo a cada lado del carrete. Déjalo secar antes de formar el Insecto Lunar.

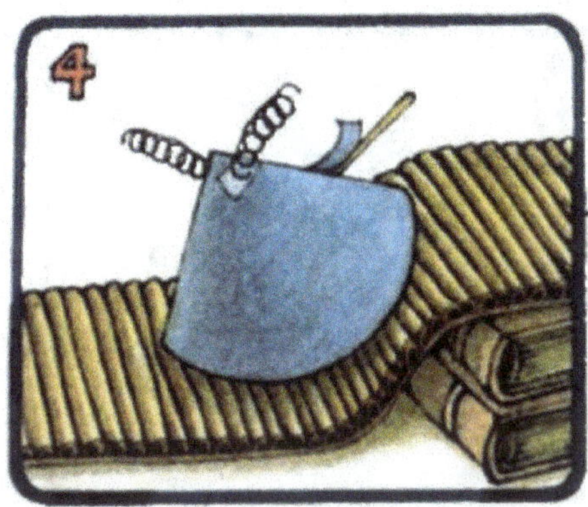

Recorta una tira larga de cartón ondulado de unos 5 cm. de ancho. Forma un camino empinado poniendo cosas debajo del cartón ondulado. Coloca el insecto encima y hazlo trepar.

Pon en marcha el carrete, dando muchas vueltas al palo enganchado a la goma. Pon el carrete en el suelo. Coloca el cono encima y deja sobresalir un extremo del palo por la solapa de abajo.

Rulotes y Tentetiesos

El Rulo Saltarín

Haz el rulote y colócalo en la
parte superior de una pendiente
suave. Suéltalo y verás como salta
y rueda.

Necesitarás
Una pelota de ping-pong.
Un trozo de papel grueso
   de unos 10 cm. de largo
   por 5 de ancho.
Una bolita.
Tijeras.
Cinta adhesiva.

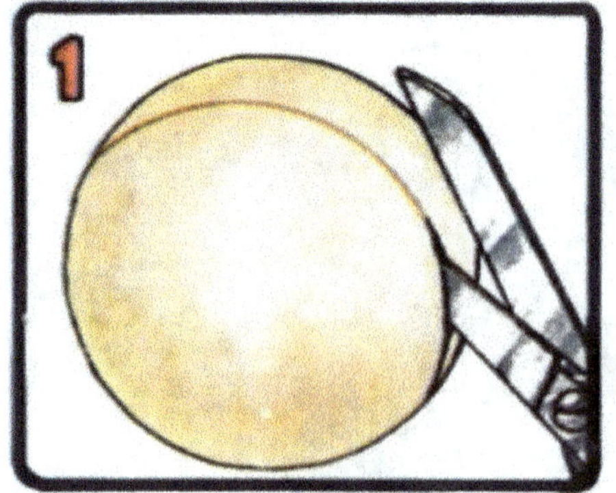

Clava una de las hojas de las tijeras en
la línea de unión de la pelota de
ping-pong y corta alrededor.

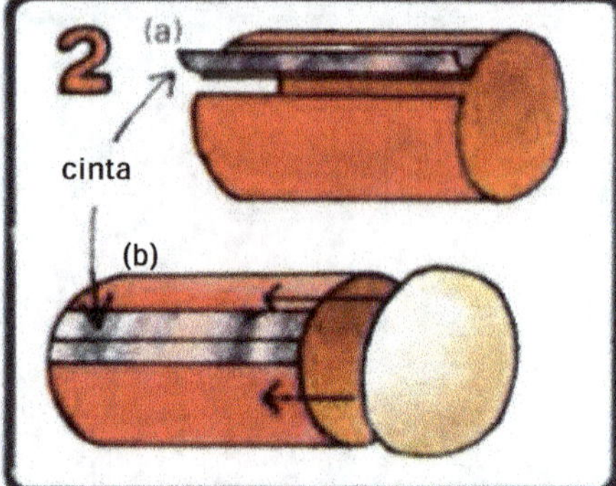

Enrolla el papel en forma de tubo, para
que la mitad de la pelota de ping-pong
encaje por los extremos. Sujeta el tubo
con cinta (a). Pega una media pelota a
la parte de arriba del tubo, con cinta (b).

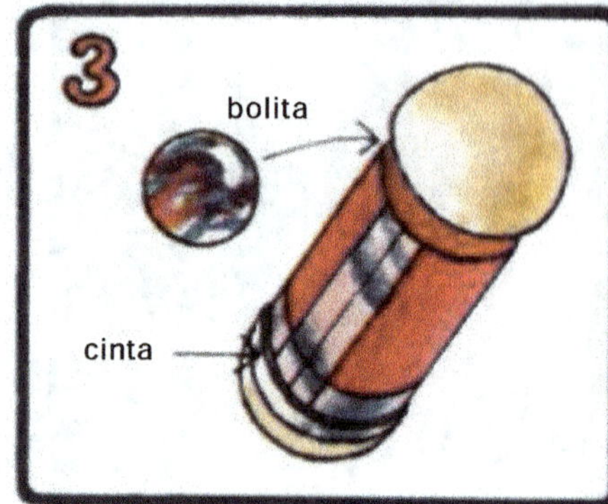

Mete la bolita dentro del rulo y pega con
cinta adhesiva la otra media pelota, al
otro extremo del tubo.

Tentetieso Cabeza de Huevo

Lo muevas como lo muevas,
este tentetieso siempre volverá
a su posición inicial.

Necesitarás
Una cáscara de huevo limpia
   sin la parte de arriba.
Un pegote de plastilina.
Una hoja de papel.
Un lápiz.
Pegamento.
Pinturas.
Tijeras.

Dibuja un círculo en el trozo de papel,
usando un platito como guía. Recorta
el círculo y dóblalo por la mitad. Corta
con las tijeras por el doblez. Enrolla
una mitad en forma de cono y pega
los bordes juntos.

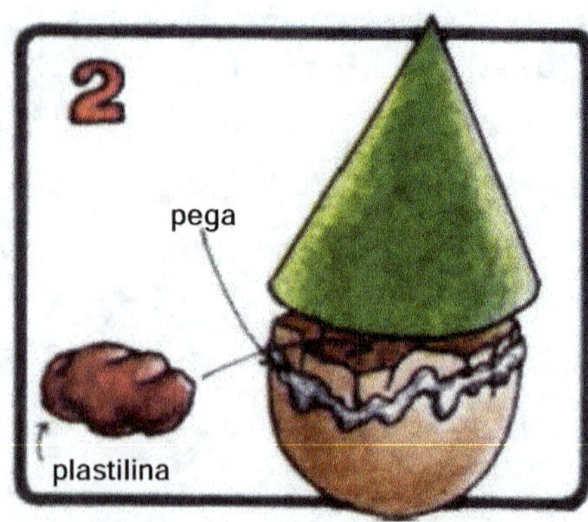

Mete un trozo de plastilina dentro de la
cáscara del huevo y pégalo bien. Pega el
cono a la parte de arriba de la cáscara
y una vez seco, pinta una cara graciosa.

El Perrito Torpón

Tira fuerte de las gomas para que el perrito se mueva y se balancee.

Necesitarás
Un envase de plástico duro, o
    un tubo.
2 bandas de goma elástica fuertes.
Una pelotita de papel de aluminio.
Una pajita de beber líquidos.
4 trozos de hilo fuerte de unos
    20 cm. de largo cada uno.
Una aguja grande.
Un trozo de cartulina
    de 4 cm. de largo por 4 de ancho.
7 botones pequeños.
Cinta adhesiva y tijeras.

Pasa dos bandas de goma en torno a un envase de plástico. Haz 4 agujeros en el fondo del envase cerca de los bordes, con una aguja.

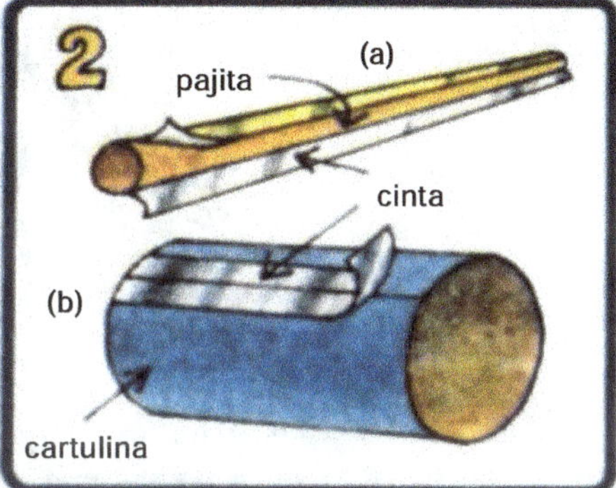

Envuelve la pajita en cinta adhesiva (a). Córtala después en 12 trozos, todos de la misma longitud. Enrolla el trozo de cartulina en forma de tubo. Para cerrarlo, pega los bordes juntos con cinta adhesiva (b).

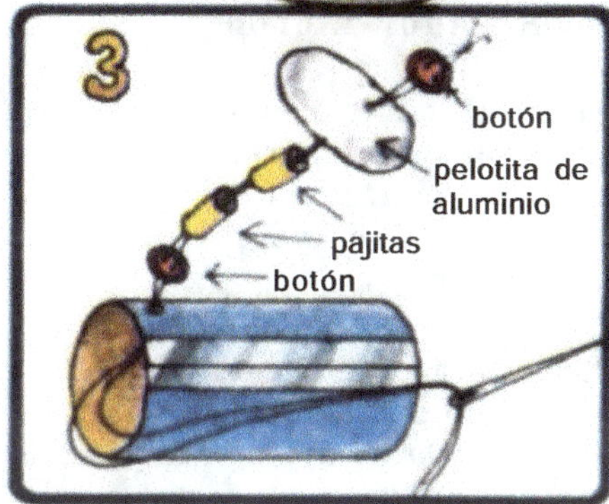

Pon dos hilos juntos y anúdalos. Pásalos por uno de los botones pequeños, después por la cabeza o pelotita de papel de aluminio, después por dos pajitas, por otro botón y por el tubo de cartulina.

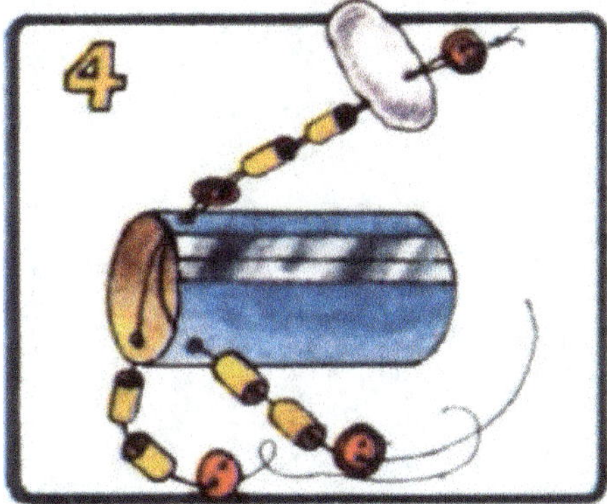

Saca uno de los hilos fuera de la aguja y pasa la aguja con el hilo que queda a través del otro lado del tubo, de las dos pajitas y de un botón. Haz lo mismo con el otro hilo.

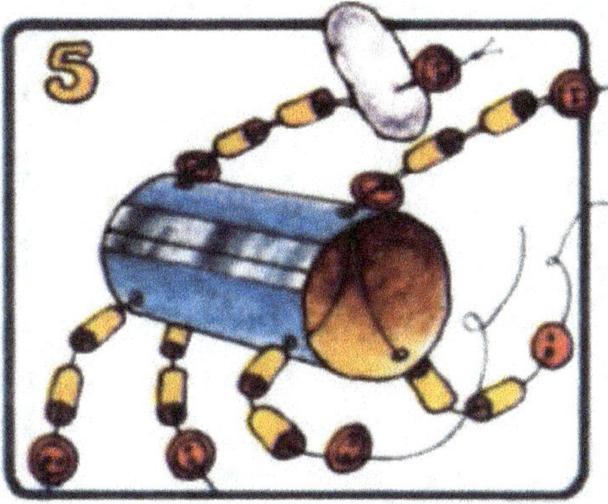

Con otros dos hilos vuelve a hacer lo mismo por la parte de atrás del tubo, para formar la cola y las patas de atrás, como en el dibujo.

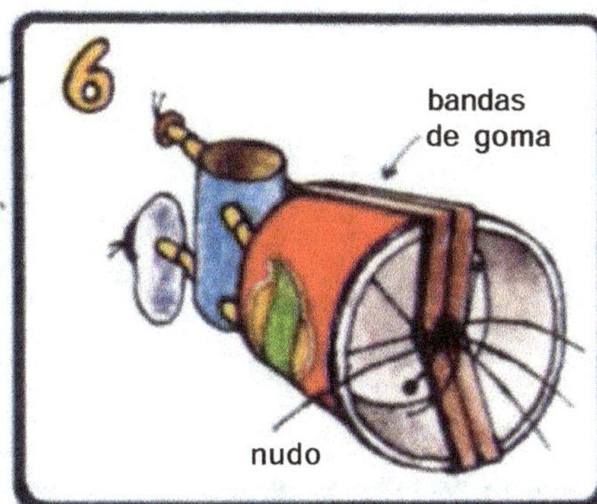

Pasa un hilo por cada agujero del fondo del envase. Saca dos hilos a ambos lados de las gomas. Anuda todos los hilos fuertemente.

Juguetes Ruidosos

Un Cilindro Sonoro

Sujeta el extremo de la cuerda y haz girar el cilindro rápidamente por encima de tu cabeza.

Necesitarás
Un envase o tubo de plástico pequeño con tapa.
Un trozo de cuerda de 1 m. de largo.
Un fósforo usado.
Cinta adhesiva y tijeras.

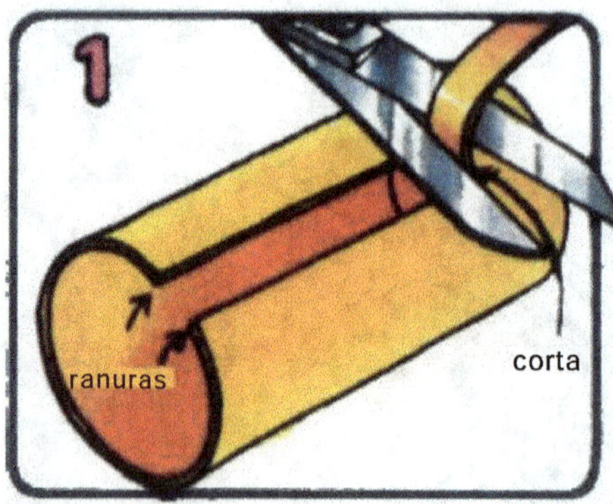

Quita la tapa del tubo de plástico. Haz dos cortes por un lado con una separación entre ellos de 1/2 cm., aproximadamente. Dobla la solapa hacia atrás y córtala.

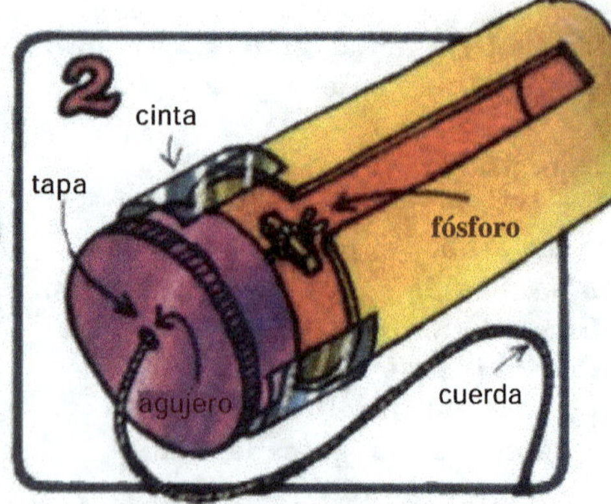

Haz un agujero en la tapa. Mete un cabo de cuerda por él y átalo alrededor del fósforo. Pon la tapa de nuevo y pégala bien con cinta adhesiva.

El Rotador Llorón

Sujeta el palo y balancea el rotador en redondo. Asegúrate de que la cuerda esté pegando a la resina. Cuánto más rápido gire, más fuerte llorará.

Necesitarás
Un palito delgado o un lápiz.
Una cuerda de nylon o de pescar, de unos 30 cm. de largo.
Un trozo de resina.
Un envase de plástico o de yoghurt.
Un fósforo usado.
Pegamento y tijeras.

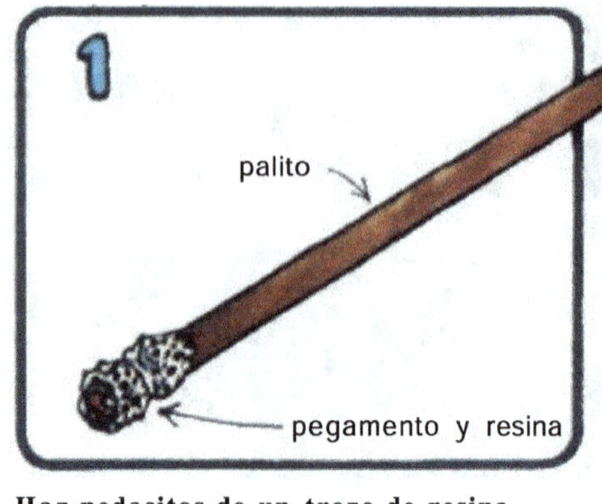

Haz pedacitos de un trozo de resina, golpeándola con el mango de las tijeras. Pon abundante pegamento en un extremo del palo y pega los trocitos ahí. Deja que se seque.

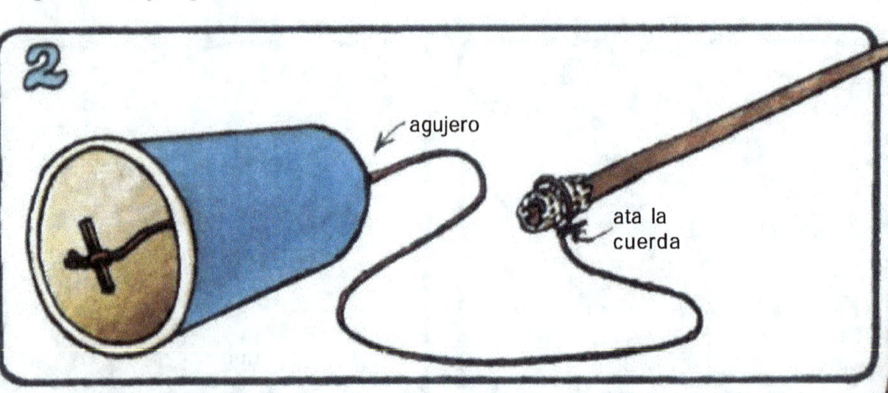

Haz un agujero en el fondo del envase de plástico. Mete un extremo de la cuerda por él y átalo a un fósforo. Fíjate en el dibujo.

Enrolla el otro extremo de la cuerda flojamente alrededor del palo, encima de la resina. Ata la cuerda al palo haciendo un nudo.

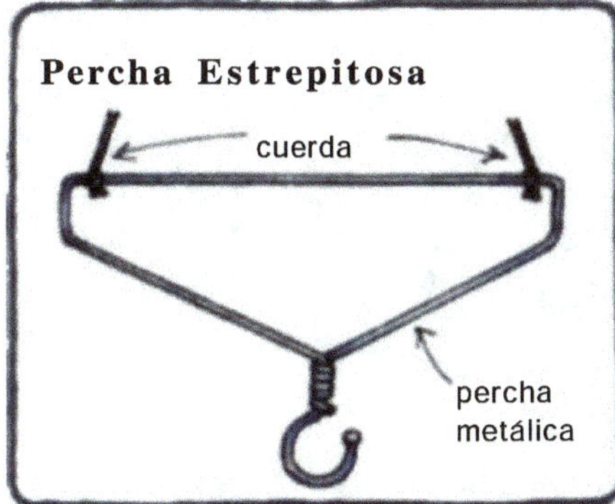

Percha Estrepitosa

Regla que Ruge

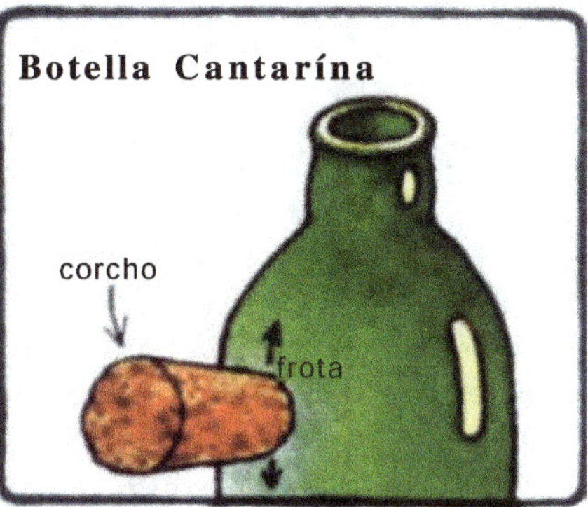

Botella Cantarína

Ata dos extremos de la cuerda a una percha metálica, como ves en el dibujo. Pon los otros dos extremos de la cuerda en tus oídos. Golpea la percha contra una superficie dura y escucha.

Pasa un trozo de cuerda por un agujero, en uno de los extremos de una regla o de un trozo de madera plano y delgado. Haz un nudo y que la regla gire alrededor de tu cabeza. El sonido que produce te parecerá un rugido.

Moja un corcho en agua y frótalo a un costado de una botella de cristal. Intenta frotar primero suavemente y después más fuerte, para imitar el canto de los pájaros.

Gallina Clueca

Sujeta el envase en una mano. Sujeta la cuerda firmemente entre los dedos y el pulgar de la otra mano y bájalos de un tirón por la cuerda.

Necesitarás
2 envases de plástico o de yoghurt.
Un trozo de cuerda de nylon de
   unos 20 cm. de largo.
Un fósforo usado y tijeras.
Un trozo de resina.
Pegamento que seque rápido.

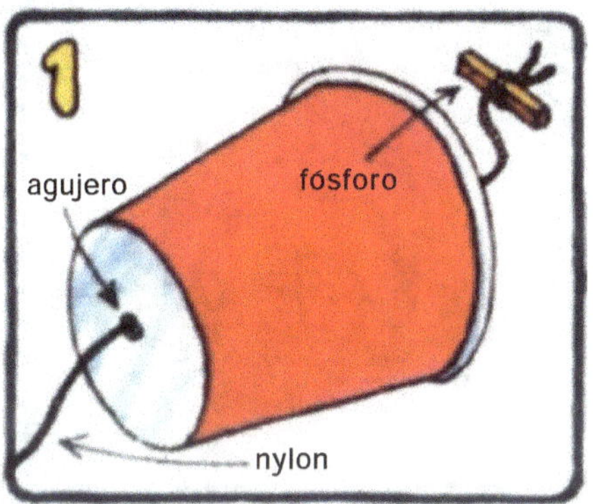

Haz un agujero en el fondo del envase de plástico. Mete un trozo de nylon por el agujero. Átalo en torno a un fósforo.

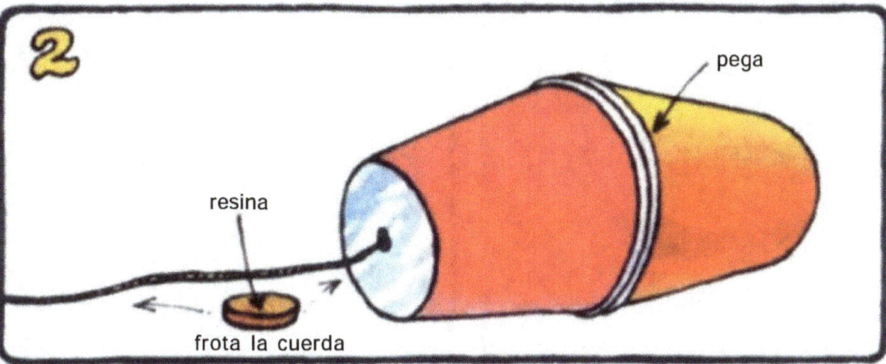

Pega otro envase al primero, como en el dibujo. Frota la cuerda de nylon de arriba abajo, por el trozo de resina.

Cuando hayas usado la gallina clueca varias veces, ponle más resina. Intenta fabricar más aparatos como éste, de distintos tamaños, así conseguirás muchos sonidos diferentes.

El Tractor Titán

Necesitarás
Una caja de cartón duro de
   27 cm. de largo por 9 cm. de
   ancho y 9 cm. de fondo.
Cartón grueso, y envase de plástico.
Cartón ondulado y papel de lija.
2 cajas pequeñas de 12 cm. de
   largo por 4 cm. de ancho.
1 caja pequeña de cartón sin tapa.
5 carretes de hilo y 3 lápices.
Un tubo de cartón de 10 cm. de
   largo. Cuerdas y un plato.
6 palitos finos o cañitas.
Una bandejita de plástico.
Un porta-huevos recortado de
   una caja de huevos.
Tijeras, pegamento y adhesiva.

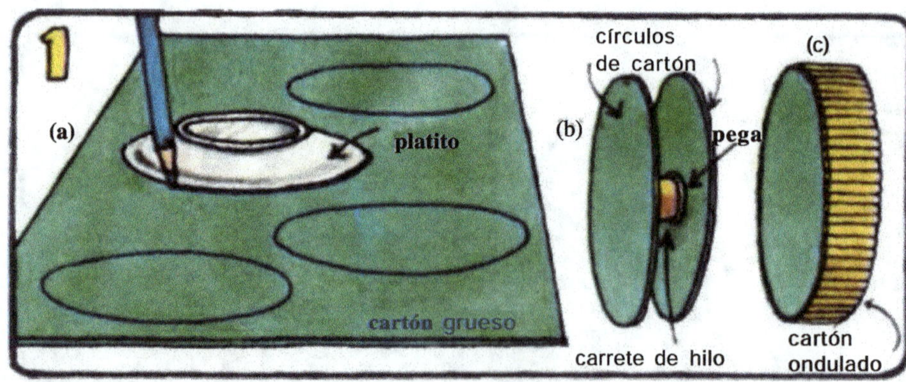

Dibuja cuatro círculos sobre el cartón, usando el platito como guía (a). Recórtalos. Pega un circulo a cada extremo de un carrete (b). Pega los otros dos círculos a un segundo carrete.

Pega una tira de cartón ondulado, alrededor de los bordes de dos de los círculos de cartón (c). Haz lo mismo, con los otros dos círculos.

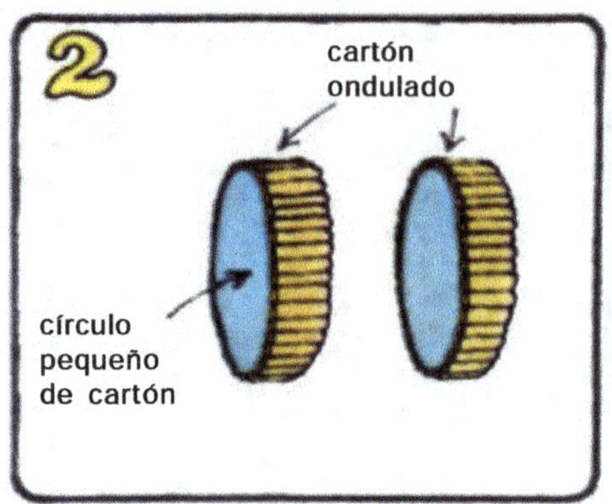

Haz las ruedas delanteras de la misma forma que las de atrás, pero mucho más pequeñas. Los círculos de cartón, para que te hagas una ¡dea, deberán ser como la tapa de un yoghurt.

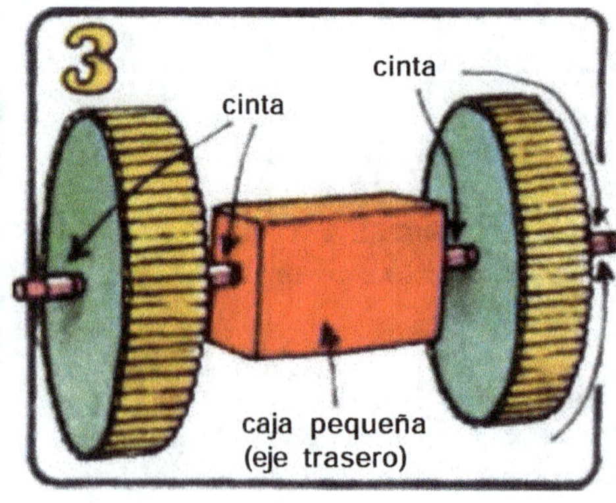

Mete un palito fino de unos 28 cm. de largo por el medio de la caja pequeña y mete las ruedas una a cada lado del palito. Enrolla cinta adhesiva alrededor del palo, a cada lado de ambas ruedas.

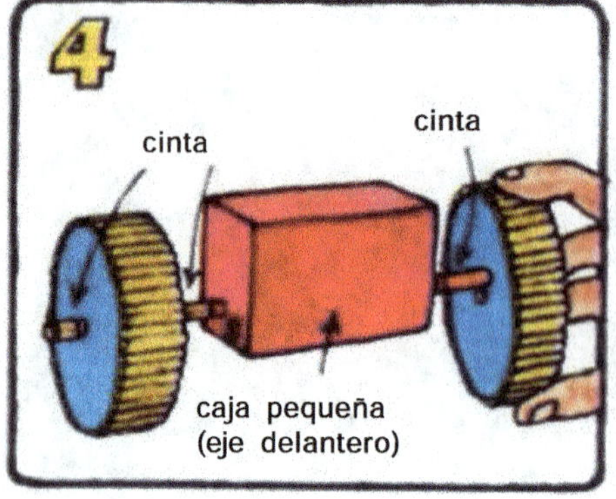

Mete otro palito por otra caja pequeña, esta vez a I cm. de la base. Mete las ruedas delanteras por los extremos del palo, una a cada lado. Enrolla cinta alrededor del palo, a cada lado de las ruedas.

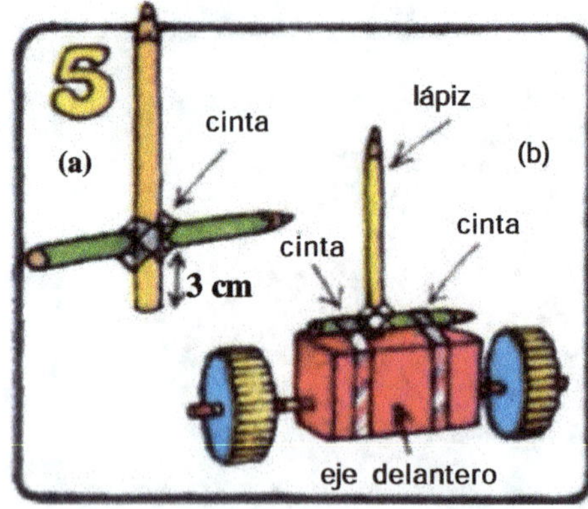

Pon dos lápices juntos y sujétalos con cinta adhesiva, como en el dibujo (a). Mete el lápiz vertical en la caja que hace de eje delantero. Sujeta el lápiz horizontal firmemente a la caja con cinta adhesiva (b).

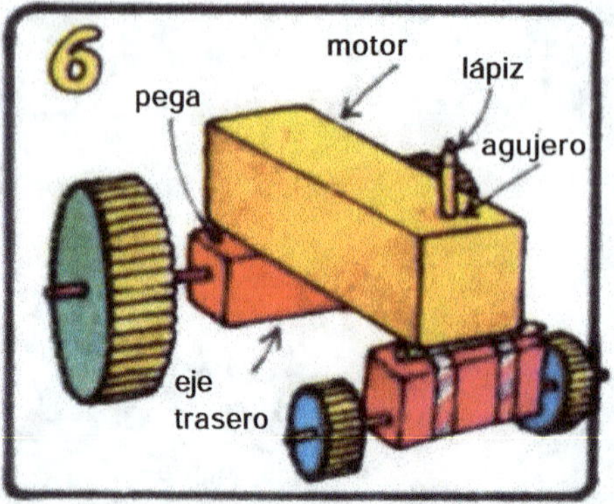

Pega la caja que hace de eje trasero, por debajo de un extremo de la caja de cartón duro. Introduce el lápiz vertical del eje delantero, por un agujero en el otro extremo de la caja.

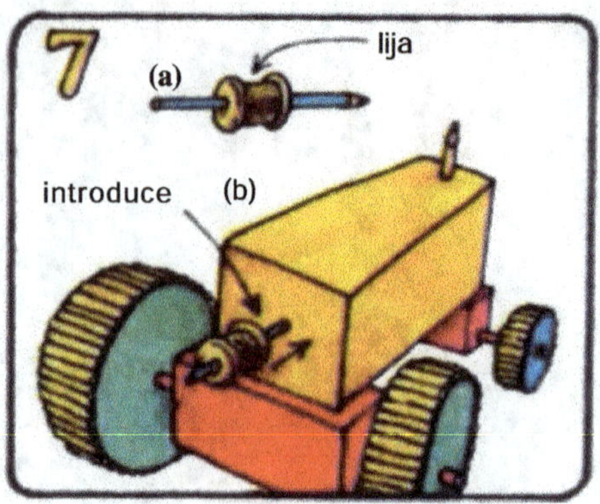

Pega cartón ondulado o papel de lija en torno a un carrete. Mete un lápiz por el carrete (a). Mete la punta del lápiz por la parle de atrás de la caja del motor (b).

Haz avanzar el tractor
hacia un lado o hacia el otro,
dirigiéndolo por medio
del carrete que se gira
como si fuese el volante.

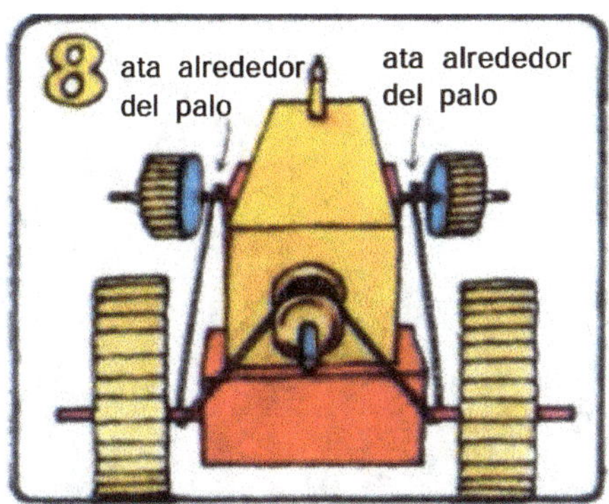

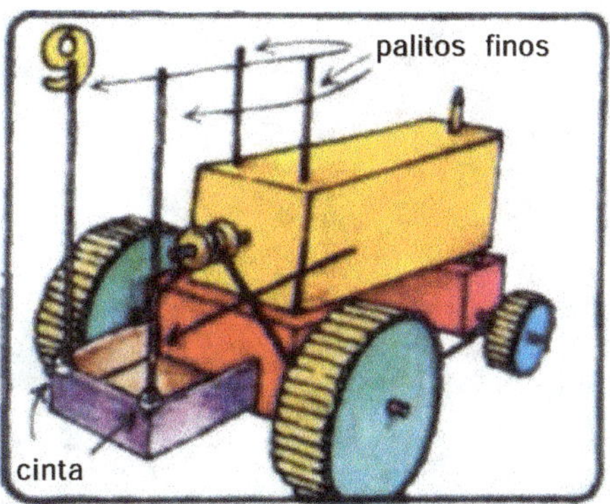

Enrolla un trozo de cuerda alrededor
del carrete. Ata un extremo a un lado
del eje delantero, pasándolo antes por
debajo del eje trasero. Toma el otro
extremo y haz la misma operación.
Procura que queden tensos.

Pega la caja sin tapa al eje trasero.
Sujeta con cinta adhesiva dos palitos
de unos 26 cm. de largo, a las dos
esquinas. Introduce otros dos palitos de
15 cm. de largo en la caja que hace de
motor. Mira el dibujo.

Pon una bandejita de plástico de
poliuretano encima de los cuatro palos.
Pega el tubo de cartón sobre el lápiz
en la parte delantera del motor. Coloca
el porta-huevos encima del tubo.

Tormenta de Nieve

Haz una montaña con pequeñas casitas y colinas y pega sobre ella animalitos, personas o muñequitos de plástico. Sacude el recipiente para que empiece la tormenta y mira como caen copos lentamente y se posan sobre el lindo paisaje.

Necesitarás
Una jarra o recipiente de cristal más bien corta, que tenga el cierre de rosca.
Plastilinas de colores variados.
Tintas impermeables.
Pegamento impermeable.
Jaboncillo de sastre.
Agua hervida fría.

Quita la tapa de un recipiente de cristal y extiende pegamento por dentro. Pon un trozo de plastilina sobre el pegamento y apriétala bien. Procura que los bordes de la tapa queden libres.

Pon más plastilina para hacer la montaña. Forma unas casitas y pinta las puertas y ventanas con tinta impermeable y pégalas muy bien a la montaña.

Echa el agua dentro del recipiente, casi hasta arriba del todo. Pon una cucharadita de jaboncillo colmada dentro. Remuévelo hasta que los grumos se disuelvan.

Cuando se seque el pegamento de la tapa, ponía boca abajo y cierra el recipiente herméticamente. Puede que se salga un poco de agua.

Trata de hacer muchos paisajes distintos con más recipientes y plastilinas de colores.

Puedes hacer, por ejemplo, una escena navideña y para ello echa en el agua trocitos de algún material resistente, en trocitos plateados y dorados.

El Tiovivo Veloz

Da unas pocas vueltas a este Tiovivo y cuélgalo. Verás como sigue girando el solo durante bastante tiempo.

Necesitarás
Una botella de plástico estrecha.
2 bandas de goma elástica.
Una horquilla para el cabello.
Cartulina o cartón fino.
4 pajitas de beber líquidos.
8 trozos de hilo de 20 cm. de largo cada uno.
Un lápiz y cuerda.
Tijeras, pegamento y cinta adhesiva.

Saca el tapón de la botella de plástico y haz un agujero en el fondo de la botella, con una de las hojas de las tijeras.

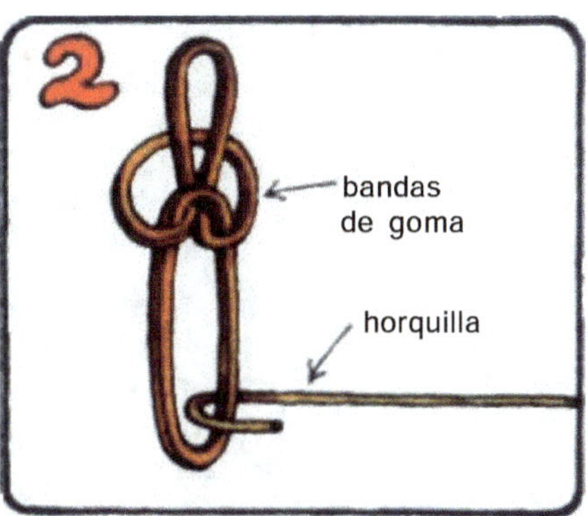

Anuda las gomas juntas, como ves en el dibujo. Endereza la horquilla dejando uno de los extremos en forma de gancho y engánchalo a una de las gomas.

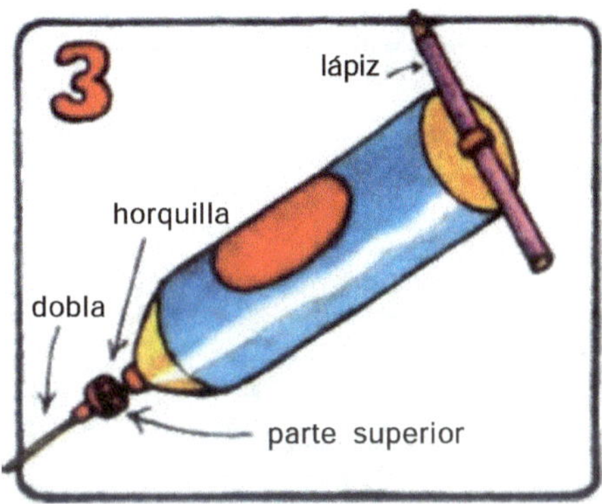

Mete la horquilla por el agujero que has hecho en el fondo de la botella. Mete un lápiz por el extremo de la goma. Pasa la horquilla por la boca de la botella y dóblala.

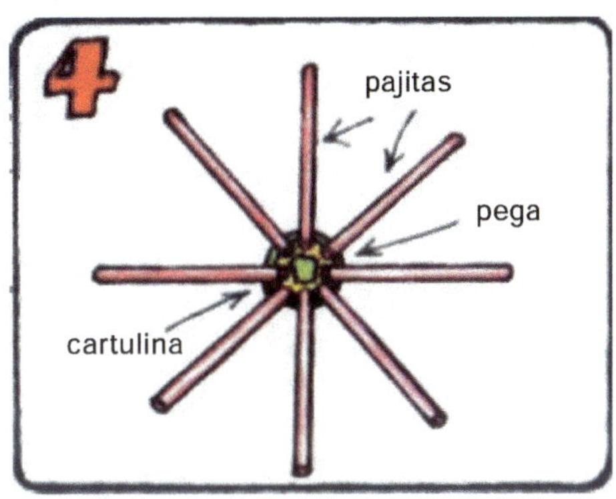

Recorta un círculo pequeño de cartulina. Corta 4 pajitas por la mitad y pega un extremo de cada pajita al círculo de cartulina, como ves en el dibujo.

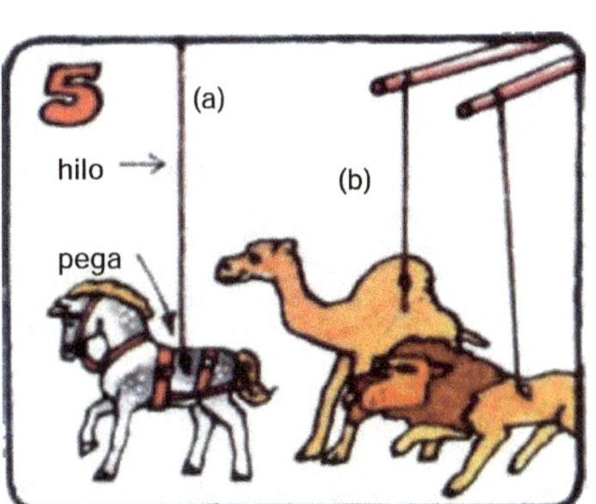

Dibuja 8 animalitos pequeños en la cartulina y recórtalos. Pega el extremo de cada hilo a un animal (a), y el otro extremo del hilo a una pajita (b).

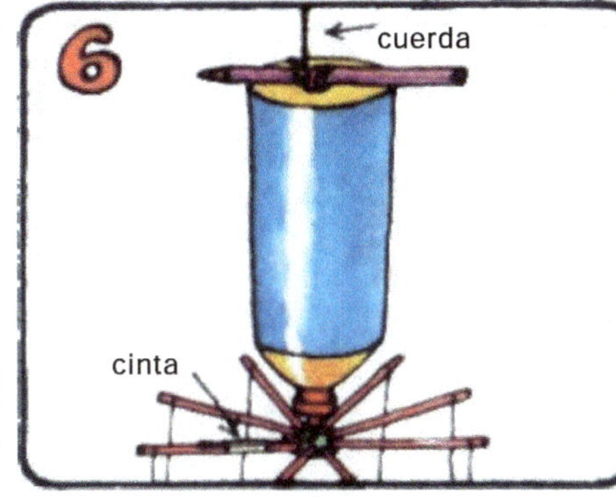

Pega la horquilla que hay en la botella a una pajita como en el dibujo. Ata un trozo de cuerda al lápiz. Enrolla la cuerda en torno al lápiz varias veces. Ya puedes colgar el Tiovivo de la cuerda.

Delta, el Avión a Reacción

Necesitarás
Un cuadrado de 30 cm. de
 poliuretano dilatado.
Un tipo de pegamento fuerte
 que puede ser Copydex.
Un pegotito de plastilina.
Una tira de cartón de 10 cm.
 de largo por 5 cm. de ancho.
3 alfileres largos de cabeza grande.
Una hoja de papel bastante grande.
Una banda de goma elástica
 fuerte.
Una caja de cartón larga.
Una regla y un bolígrafo
 o lápiz de tinta sintética.
Tijeras y pinturas.

Lanza tu avión a reacción y trata de
que vuele lo más rápido y lejos posible.
También puedes hacer dos aviones y hacer
carreras con ellos, dentro o fuera de casa.

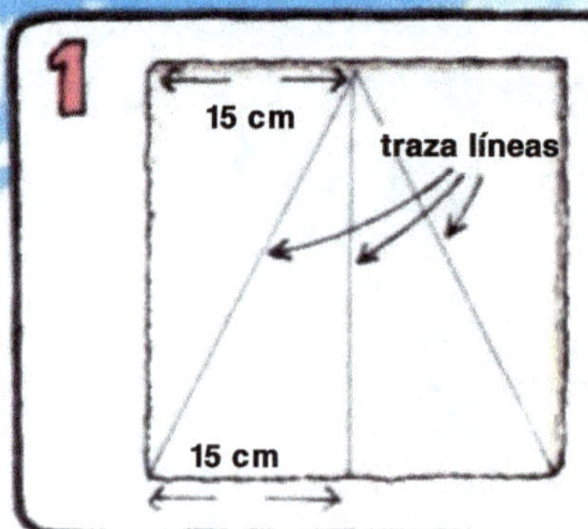

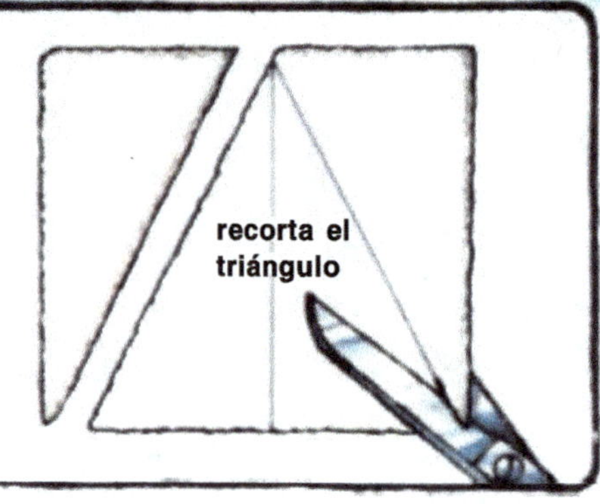

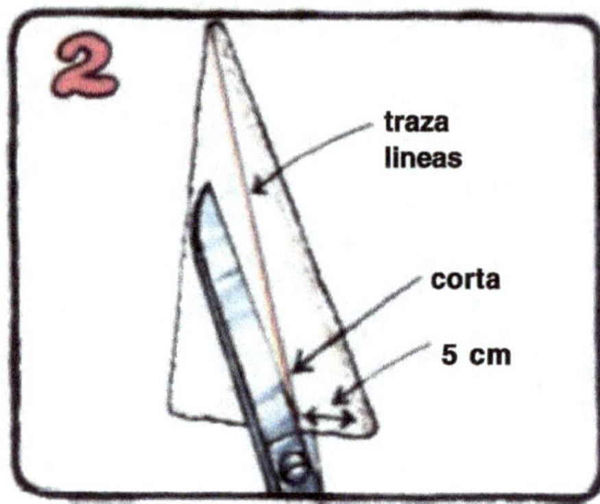

Mide 15 cm. por la parte superior e
inferior del poliuretano y haz marcas.
Traza una línea entre las dos marcas.
Traza líneas desde la marca superior
hasta las dos esquinas inferiores.

Con mucho cuidado, recorta el triángulo
resultante al trazado de las líneas.
Cuida que no se te rompan los trozos
sobrantes.

De uno de los triángulos sobrantes,
mide 5 cm. por un lado y traza una línea
desde la medida hasta el ángulo superior.
Corta con las tijeras por la línea
marcada. Puedes tirar el trocito que
te sobra.

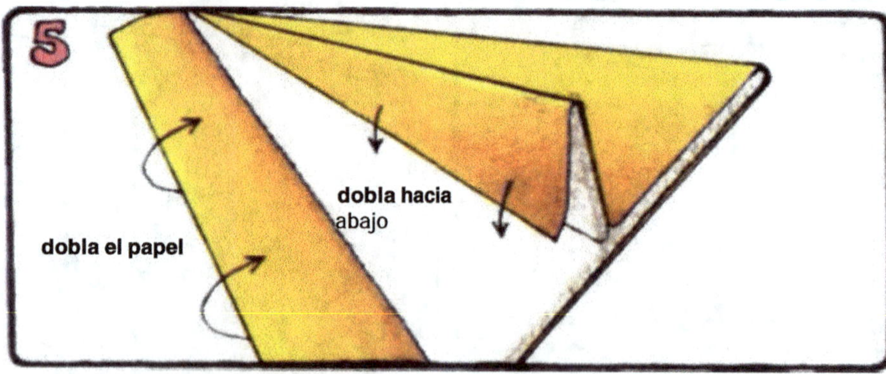

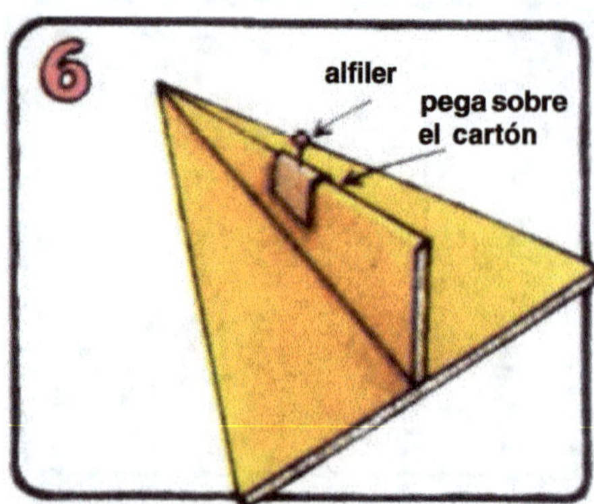

Pon el jet sobre una hoja grande de
papel. Envuelve las alas con el papel,
procurando que el acabado sea perfecto.
Apriétalo a la aleta y une los bordes del
papel con pegamento.

Recorta los retales de papel que te
sobren en la aleta. Cuando el pegamento
seque, pinta el papel de diferentes
colores.

Dobla la tira de cartón por la mitad y
pégala a la aleta en el medio a lo largo
aproximadamente. Clava uno de los
alfileres en la mitad de la tira de cartón,
como ves en el dibujo.

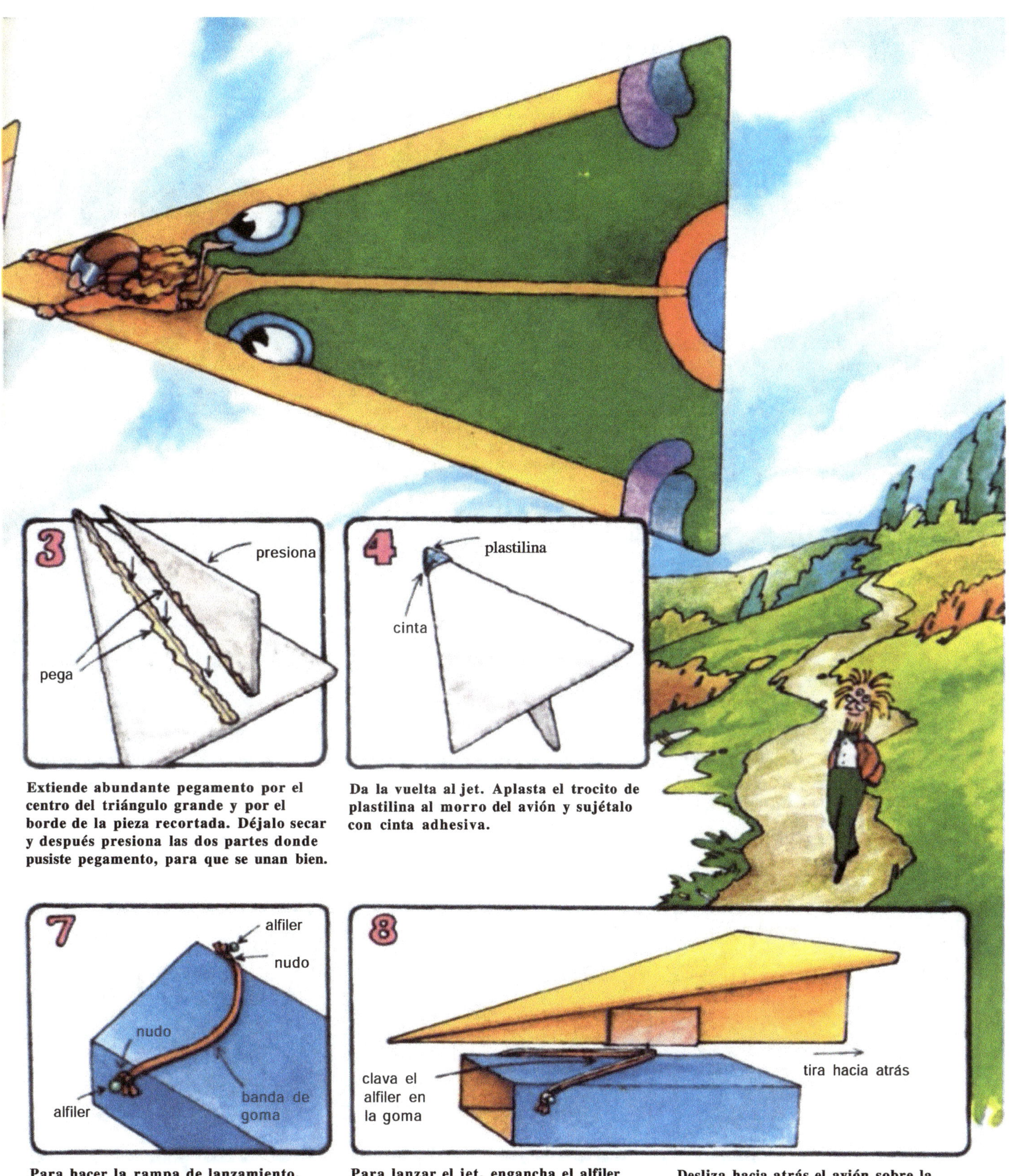

Extiende abundante pegamento por el
centro del triángulo grande y por el
borde de la pieza recortada. Déjalo secar
y después presiona las dos partes donde
pusiste pegamento, para que se unan bien.

Da la vuelta al jet. Aplasta el trocito de
plastilina al morro del avión y sujétalo
con cinta adhesiva.

Para hacer la rampa de lanzamiento,
corta una banda de goma por la mitad.
Clava un alfiler largo de cabeza grande
a cada lado de la caja de cartón. Anuda
los extremos de la goma a los alfileres.

Para lanzar el jet, engancha el alfiler
de la aleta, a la goma de la rampa de
lanzamiento. Sujeta la aleta del jet y tira
de ella con suavidad hacia atrás.

Desliza hacia atrás el avión sobre la
rampa. Inclina la rampa ligeramente
hacia arriba. Apunta un objetivo
y lánzalo.

Dandy, el Dragón Saltarín

Tira de la anilla de la cortina que está sobre la cabeza del Dragón y suéltala para que corra y salte.

Necesitarás

Un trozo de cartón de 12 cm. de largo y 12 cm. de ancho.
Un pegote de arcilla de modelar.
Una pajita de beber de plástico.
Una banda de goma elástica.
Un trozo de hilo de nylon o cuerda muy fina de unos 70 cm. de largo y cinta adhesiva.
Una anilla pequeña de cortina.
Una horquilla grande para el cabello, pegamento y tijeras.
Un trozo fino de papel de 12 cm. de ancho por 60 cm. de largo.

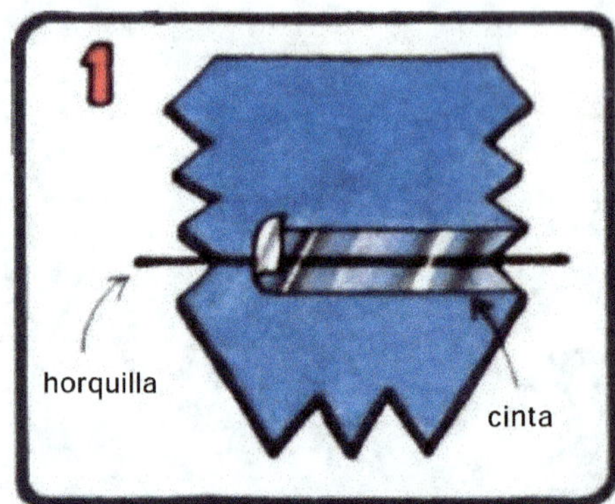

Sobre un cartón, dibuja la silueta de una cabeza como la del dibujo y recórtala. Endereza una horquilla y sujétala con cinta, atravesándola de un lado a otro, algo más cerca de un lado que del otro.

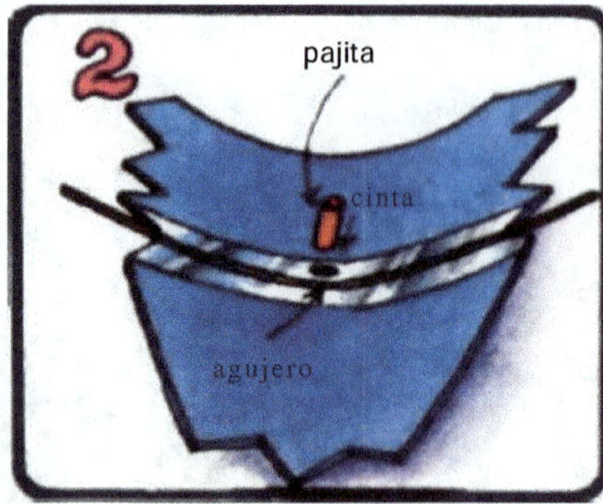

Haz un agujero en el centro de la cabeza justo detrás de la horquilla. Introduce un trocito pequeño de pajita por el agujero. Pega ahí la pajita. Dale a la cabeza forma curva, doblándola.

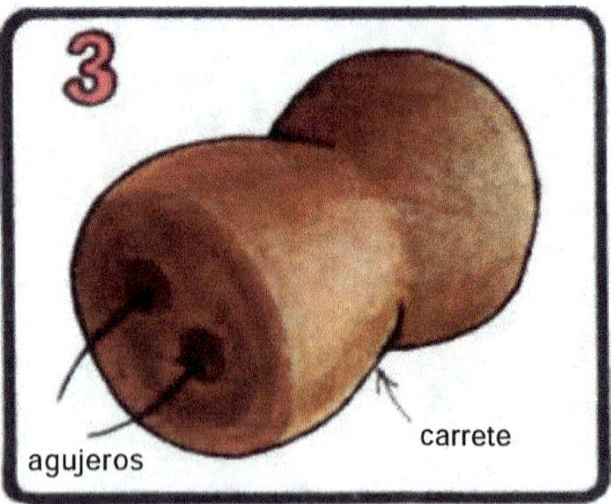

Haz un carrete de unos 4 cm. de largo por 3 de ancho, usando la arcilla de modelar. Haz dos agujeros atravesándolo, como en el dibujo.

Corta la goma. Mete los extremos por los dos agujeros del carrete de arcilla. Deja el carrete hasta que se seque.

Anuda los extremos de la goma. Ata un extremo del hilo de nylon al carrete y enrolla todo el hilo en él. Mete el extremo suelto a través de la pajita.

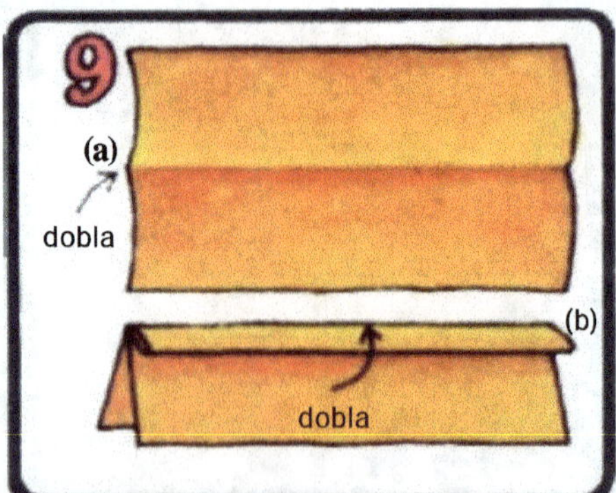

Para hacer el cuerpo del dragón, dobla un trozo largo de papel por la mitad (a). Vuelve a doblar el borde ya doblado, para formar una solapa de 1 cm. de ancho aproximadamente (b).

Desdobla el papel. Haz unos dobleces de 2 cm. de ancho a todo lo largo, como ves en el dibujo. Da la vuelta al papel y pliégalo en sentido contrario.

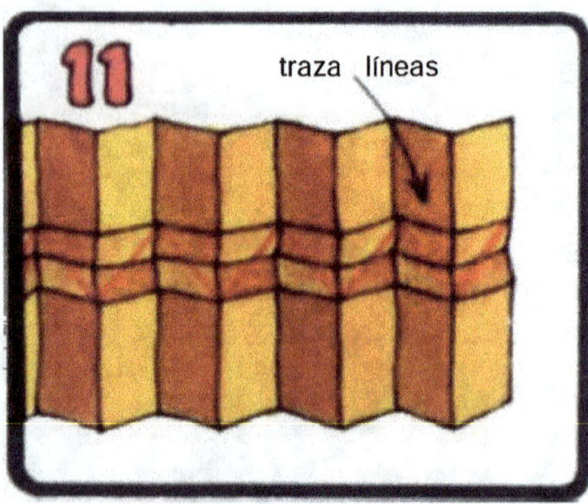

Vuelve a desdoblar el papel y traza unas líneas en zig-zag, desde la línea del doblez de arriba a la de abajo, como ves en el dibujo.

Ata el extremo del hilo a la anilla de la cortina, en la parte superior de la cabeza. Curva hacia abajo los extremos de la horquilla.

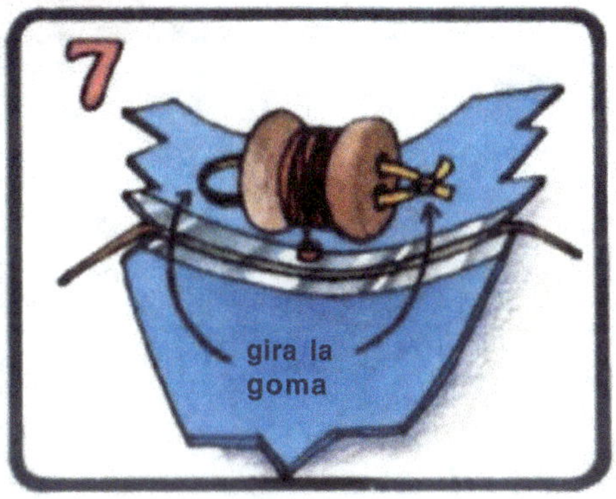

Da muchas vueltas al carrete para que el hilo se enrolle muy apretado. Haz girar una vez cada extremo de la banda de goma.

Engancha los extremos de las gomas a los de la horquilla. Dobla la cabeza curvándola un poco, para asegurarte de que el carrete no roza con ellos.

Pliega el papel por todas las líneas trazadas. Aprieta bien todos los dobleces entre tus dedos, como ves en el dibujo.

Pega un lado del cuerpo de papel a un borde de la cabeza de cartón, como ves. Pinta la cabeza del dragón con muchos colores.

Para que la cola sea más larga, pliega otra tira de papel igual que la primera y pégala al extremo de la primera tira de papel.

Haciendo un Periscopio

Con un periscopio puedes ver por encima de las paredes o sobre las cabezas de una multitud de personas. Lo puedes hacer tan alto como quieras. Depende del cartón que tengas.

Necesitarás

Un pliego de cartón de 42 cm. de largo por 42 cm. de ancho.

2 tiras de cartón de unos 32 cm. de largo por 8 cm. de ancho.

2 espejos pequeños de unos 8 cm. de largo por 6 cm. de ancho.

Un lápiz y una regla.

Cinta adhesiva y tijeras.

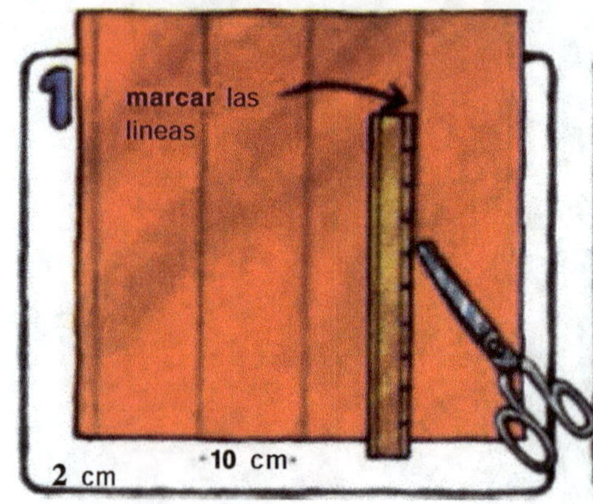

Mide cuatro columnas de unos 10 cm. de ancho y una de 2 cm. de ancho en el pliego grande de cartón. Pon la regla sobre cada linea y pasa las tijeras por encima para señalarlas.

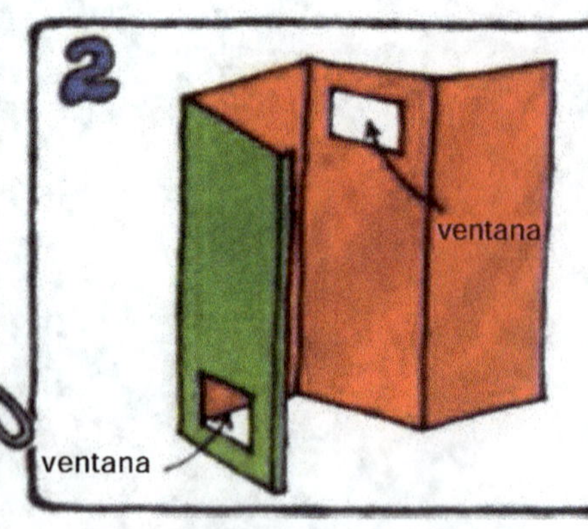

Dobla el cartón por las lineas para formar una caja larga y recorta una ventana de 5 x 5 cm. cerca de la parte de abajo, y otra cerca de la parte de arriba en el lado opuesto.

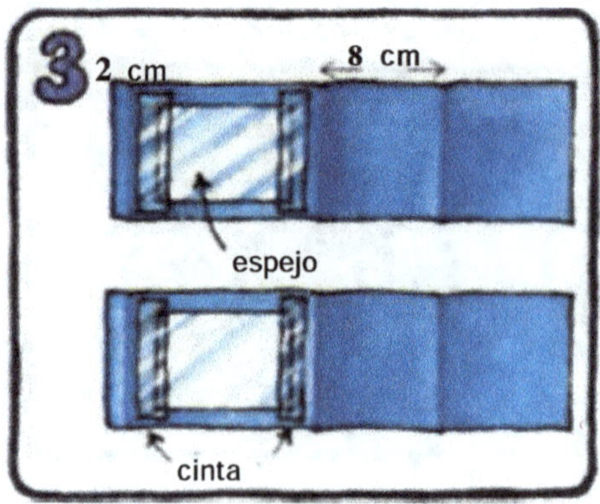

Mide tres columnas de 8 cm. de ancho y una de 2 cm. de ancho sobre las dos tiras de cartón. Marca las lineas y pega con cinta un espejo sobre cada una. Mira el dibujo.

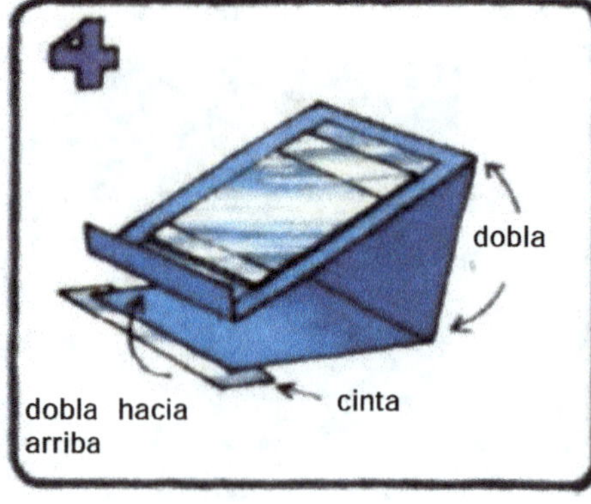

Dobla las tiras hacia arriba, dejando los espejos por la parte de fuera, y les das la forma de un triángulo. Dobla la solapa de cada tira también hacia arriba y sujeta los extremos a las solapas con cinta.

Coloca un triángulo sobre el fondo de la caja, con la solapa para fuera, como ves en el dibujo. Sujeta el triángulo a la caja con cinta adhesiva.

Pon la caja boca abajo. Coloca el otro triángulo de modo que puedas ver el espejo a través de la ventana. Sujétalo bien con cinta adhesiva. Cierra la caja y pega la solapa para abajo.

Haciendo un Caleidoscopio

Manten el caleidoscopio de cara a la luz. Gíralo lentamente y verás como cambian las formas en su interior.

Necesitarás
Un trozo de cartón de 8 cm. de largo por 24 cm. de ancho.
3 espejos de 8 cm. de largo por 6 cm. de ancho.
Una hoja de papel antigrasa.
Un trozo de papel de celofán.
Trocitos de papeles de colores, celofán o pajitas de beber.
Un lápiz y una regla.
Cinta adhesiva y tijeras.

Pon un espejo encima del cartón y úsalo como guia para trazar tres líneas. En uno de los lados deja unos 2 cm. para formar una especie de solapa. Marca las líneas utilizando las tijeras.

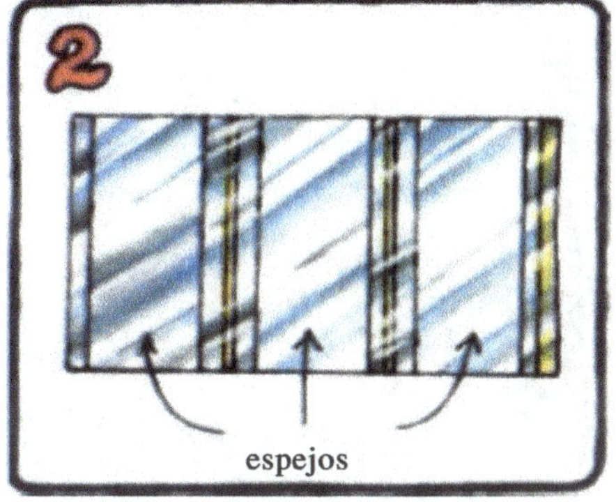

Dobla el cartón por las líneas. Pega los tres espejos al cartón con cinta adhesiva, dejando unos pequeños espacios entre ellos, como ves en el dibujo.

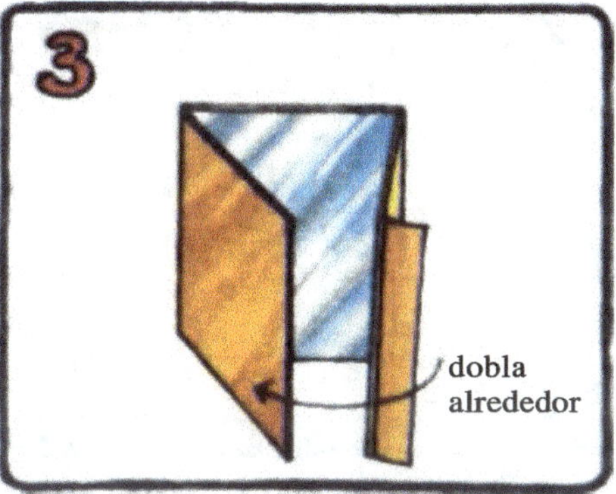

Dobla el cartón en forma de triángulo con los espejos hacia dentro. Sujeta la solapa con cinta adhesiva.

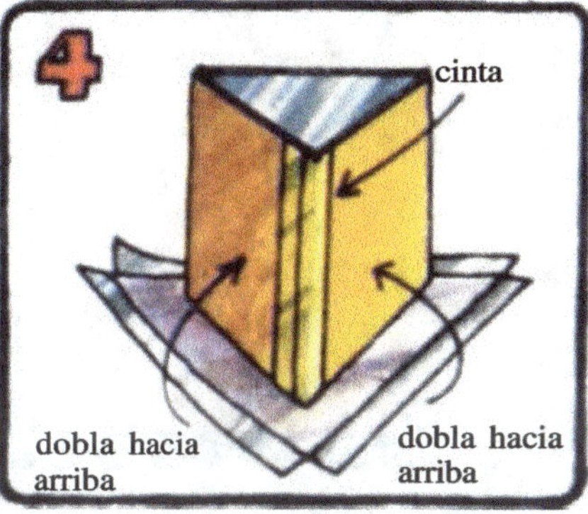

Corta dos trozos de papel antigrasa, un poco más grandes que la base del triángulo. Coloca el triángulo sobre uno de los trozos. Dobla el papel hacia arriba y pégalo a los lados con cinta adhesiva.

Corta los papeles de colores, celofán o las pajitas en trocitos pequeños. Échalos dentro del triángulo.

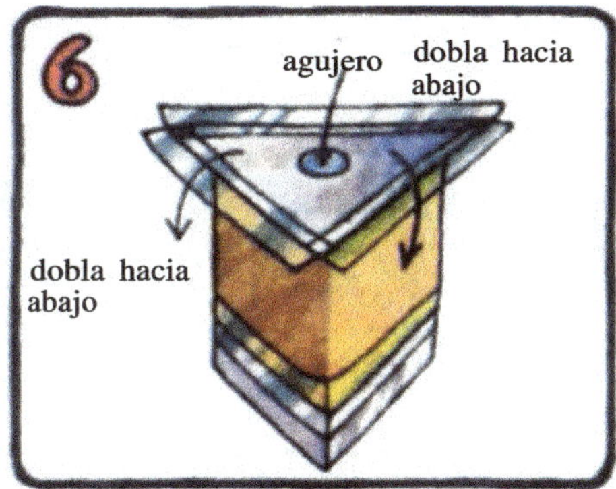

Perfora un agujero en el otro trozo de papel antigrasa y pon el papel encima del triángulo. Dóblalo hacia abajo y pégalo a los lados con cinta.

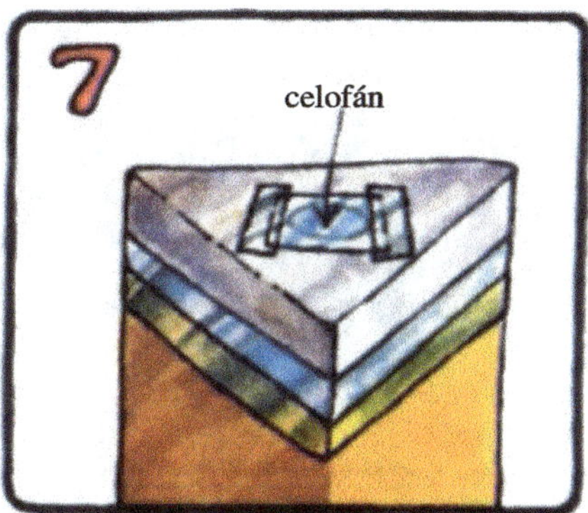

Pega el trozo de celofán transparente a la parte de arriba del triángulo, con cinta adhesiva, justo sobre el agujero, para impedir que los trocitos de papeles de colores se salgan.

Muchas Gracias, la Caja Registradora

Echa dinero en la caja y espera a que aparezca la señal. Haz girar la esfera para saber cuanto dinero tienes.

Necesitarás
Una caja alta y no muy gruesa o un paquete pequeño de cereales.
Una caja de fósforos.
3 fósforos usados.
Un trozo de cartón fino.
Un trozo de papel y tijeras.
Una horquilla para el cabello.
2 botones pequeños.
Pegamento y cinta adhesiva.

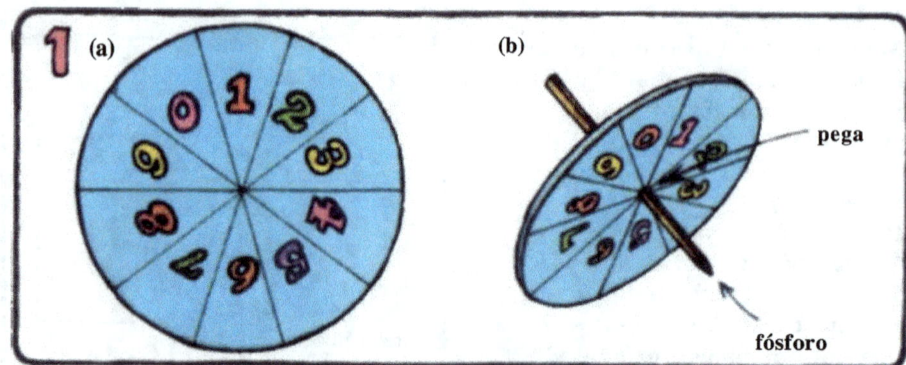

Recorta tres círculos pequeños de cartón fino. Haz cinco divisiones de lado a lado en cada una. Escribe en cada sección un número del 0 al 9. Haz esto en todos los círculos (a).

Haz un agujero en el centro de cada círculo, en el punto en que se cruzan todas las líneas. Mete un fósforo por cada agujero (b). Pega los fósforos a los círculos.

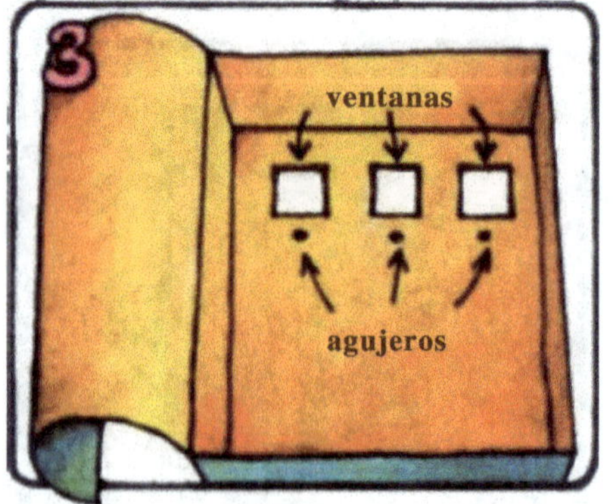

Abre la puerta de la caja y recorta tres ventanitas en la parte delantera, cerca del techo de la caja. Haz un agujerito debajo de cada ventana.

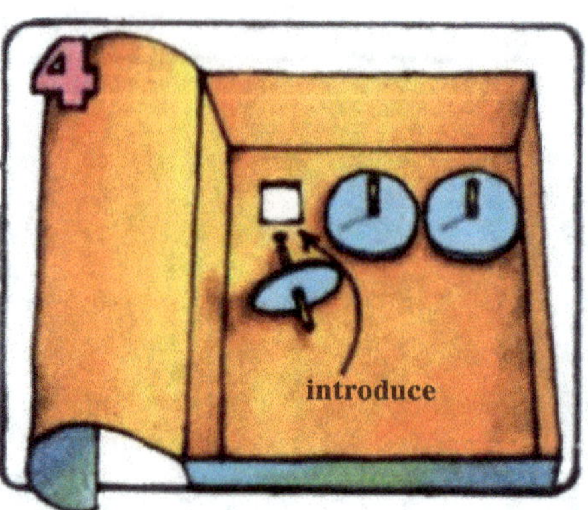

Introduce los fósforos por los círculos, aprovechando los agujeros de la caja, desde dentro. Mira con atención la caja desde el exterior y haz las ventanitas más grandes para ver bien los números.

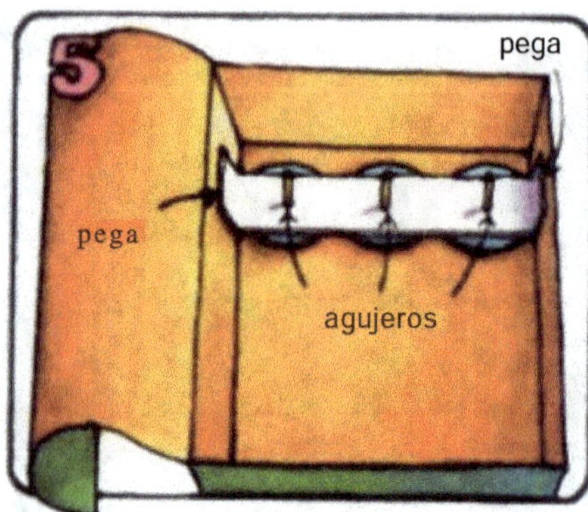

Corta una tira de cartón algo más larga que ancha es la caja. Haz tres agujeros en ella y clava los fósforos a través. Pega la tira de cartón con pegamento a los dos lados de la caja.

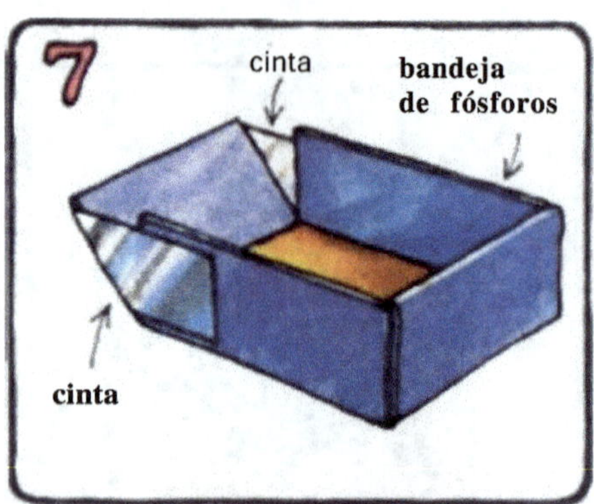

Corta las dos esquinas de la parle de dentro de la bandeja de fósforos. Dobla el extremo para abajo. Pon cinta adhesiva para sujetar las esquinas, como ves en el dibujo.

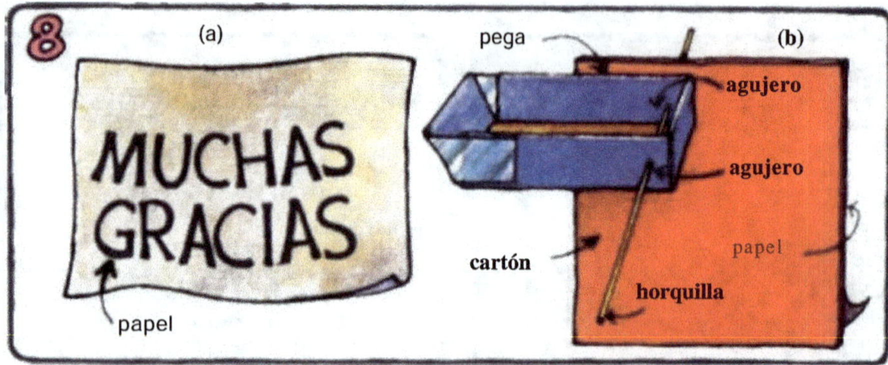

Corta un trozo de papel algo mayor que la bandejita de la caja de fósforos. Escribe «muchas gracias» en él. Pégalo a un trozo de cartón del mismo tamaño (a).

Pega una esquina del cartón a una esquina de la bandejita de la caja de fósforos, como en el dibujo. Haz agujeros en los dos. Endereza una horquilla y pásala por los agujeros (b).

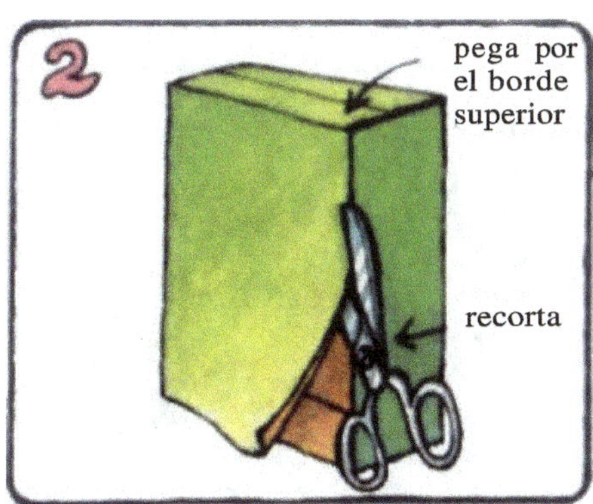

Pega con pegamento el borde superior
de la caja. Recorta tres de los lados
de la caja para hacer la puerta.

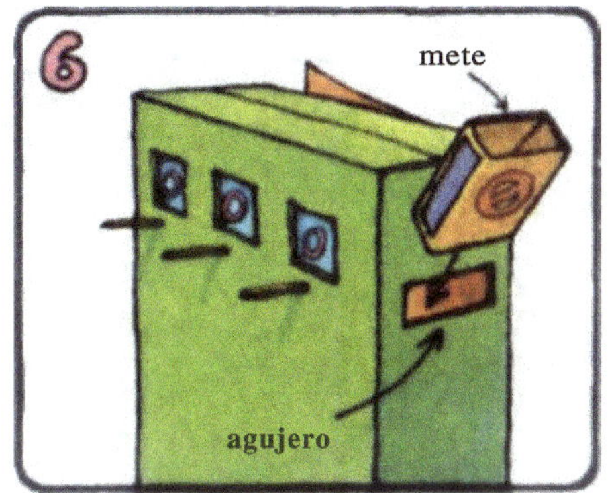

Sujeta la tapa de la caja de fósforos
contra un lado de la caja y marca el
contorno. Recorta por las marcas.
Introduce la tapa por la abertura hasta
la mitad. Dale una pequeña inclinación
hacia abajo y pégala a la caja.

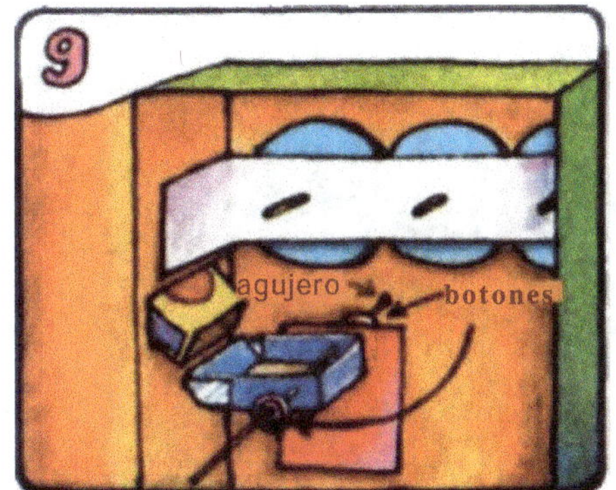

Mete un botón por cada lado de la
horquilla. Haz un agujero en la caja y
mete por él la horquilla, asegurándote
de que la bandejita de la caja de fósforos
caiga justo debajo de la tapa.

Manten la bandejita hacia abajo y
dibuja una línea en torno al cartel
de «muchas gracias» por la parte interior
de la caja. Recorta una ventana más
pequeña de lo que marcan las líneas.

Cierra la puerta de la caja y mete la
horquilla a través doblándola hacia abajo.
Dobla la horquilla hacia abajo también
en la parte de delante de la caja.
Pega la puerta con cinta adhesiva.

Saturno, el Cohete Espacial en dos Fases

Necesitarás
Un tubo de cartón largo.
2 tubos de cartón cortos.
3 clips de papel.
2 bandas de goma elástica.
Un trozo de cuerda del largo del
tubo mayor.
Un trozo de tela fina de 20 cm.
de ancho por 20 cm. de largo.
4 trozos de hilo de 25 cm. de
largo cada uno.
Una anilla de cortina pequeña.
Cartón y Cartulina.
Cinta adhesiva y pegamento.
Tijeras y un lápiz.

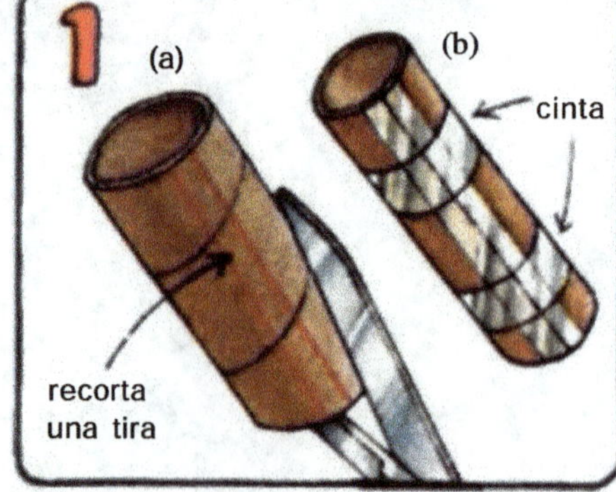

Desliza un tubo pequeño de cartón
dentro del grande. Si es demasiado
grande recórtalo un poco (a). Junta las
tiras que has cortado y forma otro tubo
pequeño, pegándolas con cinta (b).

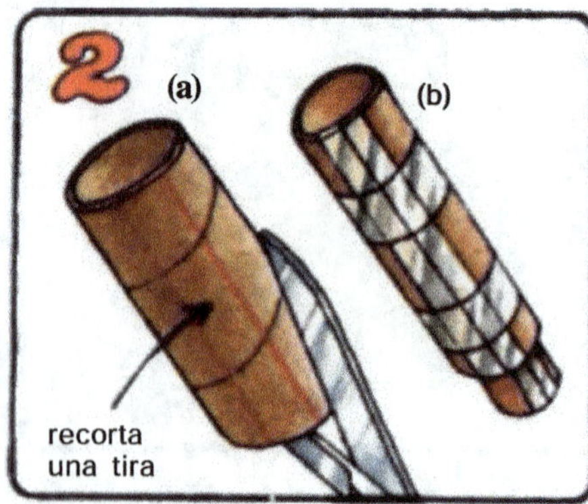

Recorta una tira ancha del otro tubo
pequeño (a). Sujeta bien los bordes con
cinta adhesiva y mételo dentro del
primer tubo (b).

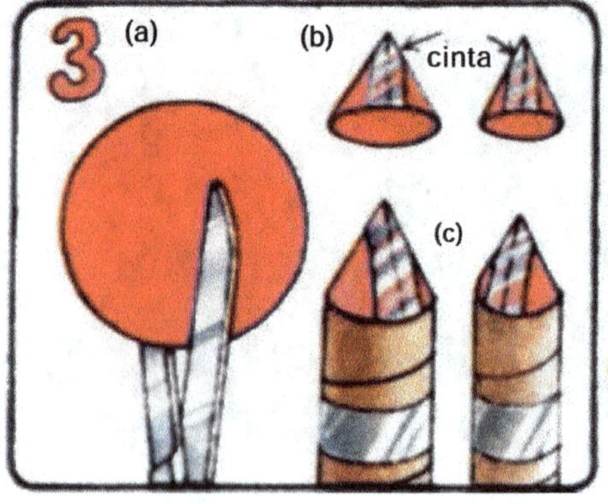

Recorta un círculo pequeño de cartulina.
Córtalo por la mitad <a>. Dale a cada
mitad la forma de un cono y sujeta
los bordes con cinta (b). Pega un cono
a la parte superior de cada tubo (c).

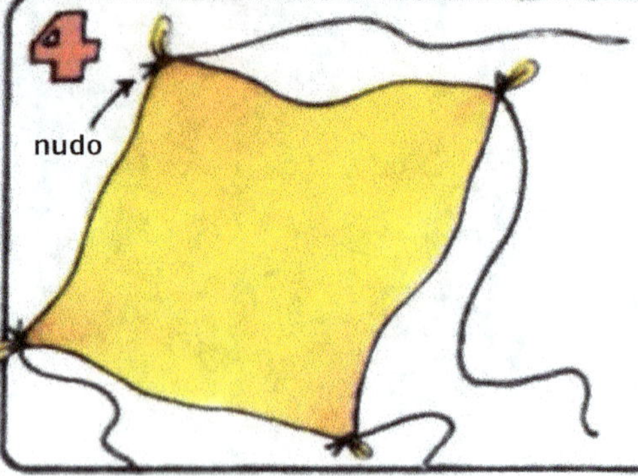

Para hacer un paracaídas de socorro, ata
fuertemente un trozo de hilo a los cuatro
extremos del trozo de lela.

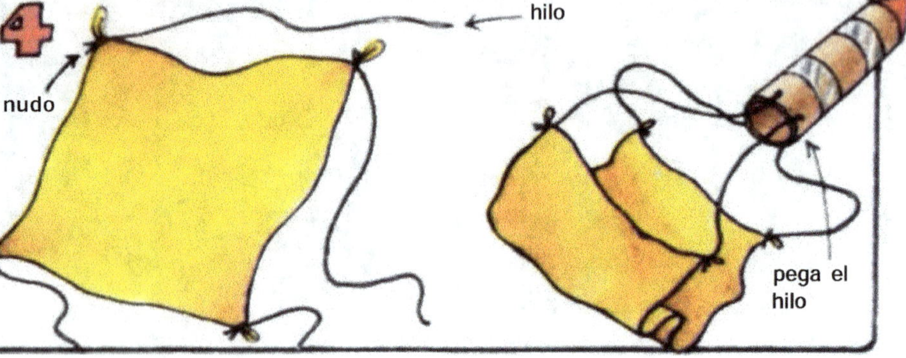

Pega los extremos de los cuatro trozos
de hilo a la boca del cohete pequeño,
como ves en el dibujo. Asegúrate de
que los hilos no se enreden,

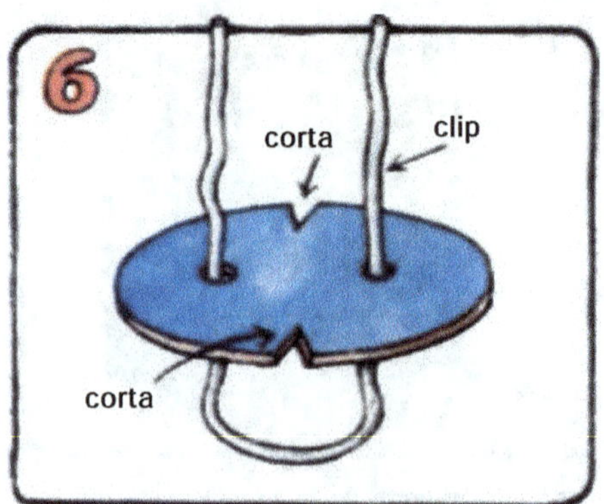

Corta dos pequeños triángulos a ios
lados del círculo de cartón. Endereza
un clip y mete los dos extremos por
los agujeros del círculo. Hazlo como en
el dibujo.

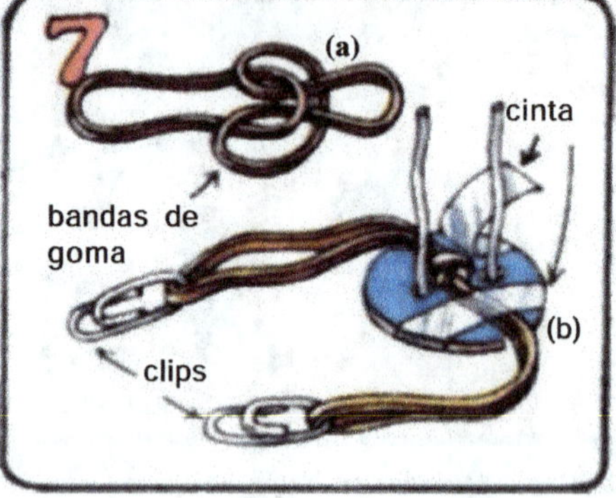

Anuda dos gomas (a). Colócalas sobre el
círculo por encima de los triángulos que
recortaste (b). Sujétalas a éste con cinta
adhesiva y engancha un clip a cada
extremo de la goma.

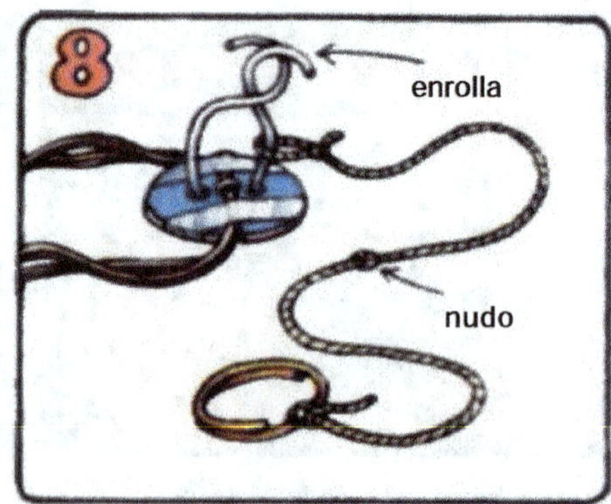

Enrolla sobre sí mismos los extremos
del clip y dóblalos hacia atrás. Ata la
cuerda al clip y haz un nudo en el medio.
Ala la anilla de la cortina al
otro extremo.

Haz este lanzador de cohetes y dispara
el cohete en dos fases, dentro o fuera
de casa. Recuerda, que debes introducir
el nudo de la cuerda dentro de la
hendidura que hay en el lanzador de
cohetes, antes de cargarlo con el cohete.

Pon el tubo largo sobre el cartón y
dibuja un círculo alrededor guiándote
por su base (a). Recorta este círculo,
algo menor de lo que marca la línea
dibujada y haz dos agujeros en él (b).

Deja caer la anilla de la cortina por
dentro del tubo largo. Sujeta con cinta
los clips a ambos lados de la parte
superior del tubo, como ves en el
dibujo.

Haz unos cortes o hendiduras en los lados
de la base del tubo (a). Tira de la cuerda
hacia abajo hasta que se vea el nudo.
Encaja el nudo en la hendidura y suelta
la cuerda (b).

Para cargar al lanzador de cohetes,
mete el cohete pequeño dentro del
grande. Pliega el paracaídas y mételo
con suavidad dentro del lanzador. Mete
después los dos cohetes.

Un Equilibrista

Ala un tro/o largo de cuerda de
un extremo a otro de la
habitación. Coloca al Equilibrista
encima. Pon la plastilina para
hacer que se mueva y se balancee.

Necesitarás
Una caja de fósforos.
4 pajitas de plástico de las de
   beber líquidos.
Una hoja de papel.
Un trozo de cartón fino.
Un trozo de cuerda de unos
   60 cm. de largo y plastilina.
Un alfiler largo de cabeza
   gruesa y tijeras.
Cinta adhesiva y pegamento.

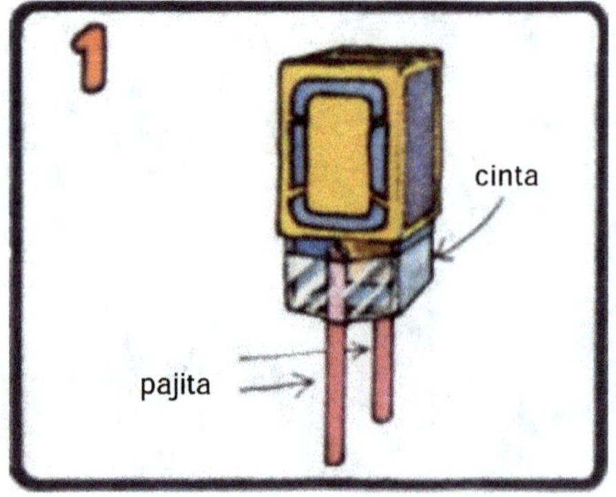

Corta una pajita por la mitad y cada
trozo por la mitad otra vez. Saca la
bandeja de la caja de fósforos hasta
la mitad. Pega dos trozos de pajita a la
parte de abajo de la bandeja, con cinta
para formar las piernas. Ciérrala.

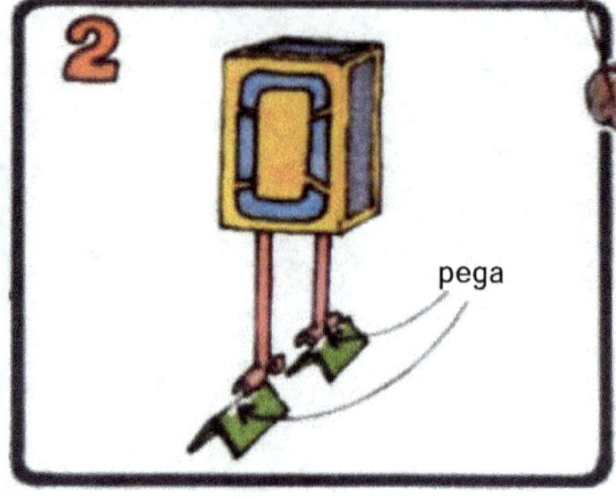

Haz dos corles en los extremos de cada
pierna. Dobla los lados hacia atrás.
Dobla dos tro/os pequeños de cartón
por la mitad. Pega uno a cada extremo
de la pierna, para formar los pies.

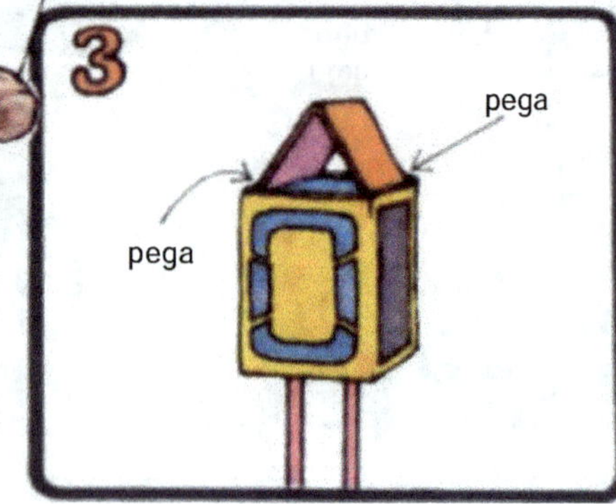

Corla una tira de cartón dos veces más
larga que la parte de arriba de la caja de
fósforos. Dóblala por la mitad. Pégala a
los lados de la parle de arriba de la caja
de fósforos, como en el dibujo.

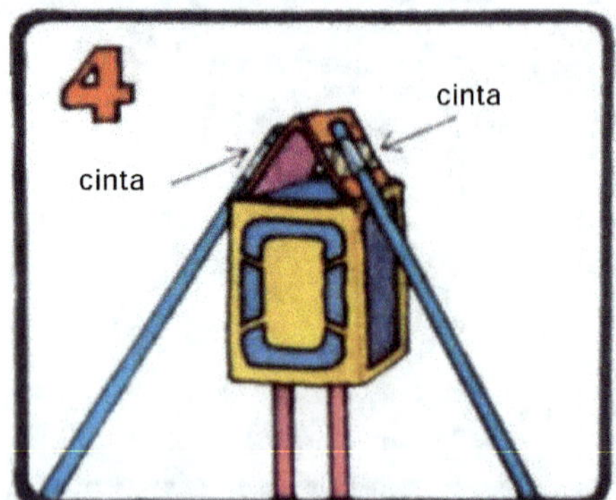

Sujeta una pajita a cada lado del cartón
doblado con cinta adhesiva. Estos serán
los brazos.

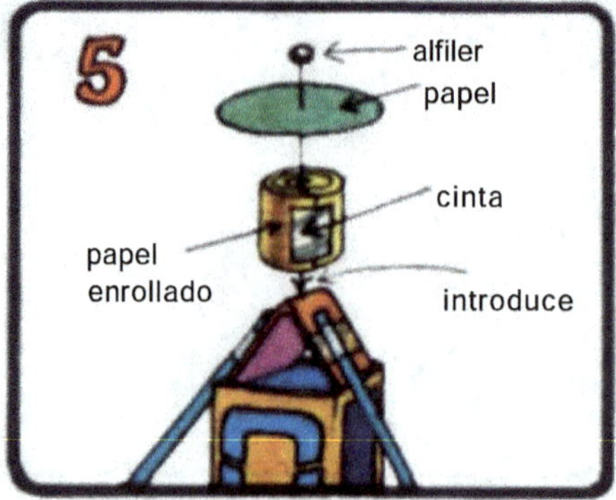

Enrolla una tira fina de papel para
formar la cabeza. Sujétala con cinta.
Recorta un circulo de papel. Clava el
alfiler primero en el papel y luego en
la cabeza. Clávalo lodo a la parte de
arriba del cuerpo.

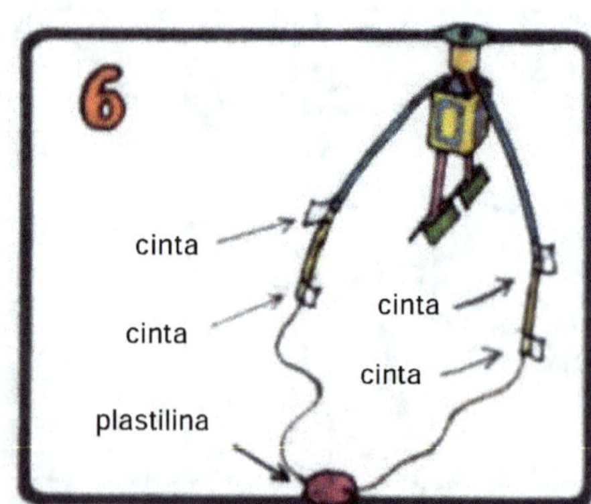

Corta una pajita por la mitad. Pega la
mitad a cada brazo con cinta. Sujeta
los extremos de la cuerda a las pajitas
también con adhesiva. Clava un pegote
de plastilina en el medio de la cuerda.

El Ciclista Truquista

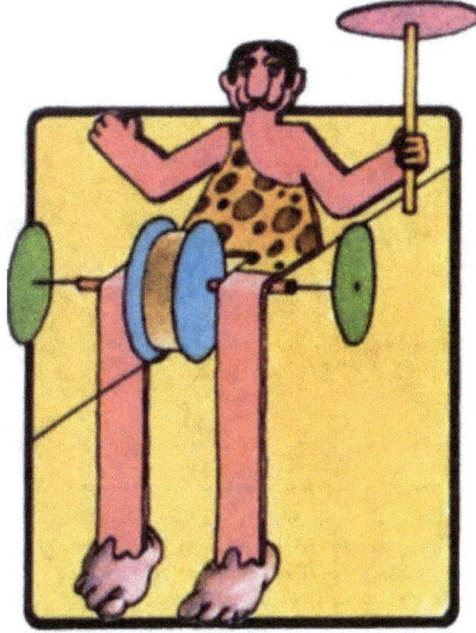

Balancea al Ciclista en un trozo de cuerda bastante largo. Inclina la cuerda hacia abajo para que la rueda gire bien.

Necesitarás
Un trozo de cartón de unos
   30 cm. de largo por 15 cm. de ancho.
Un tubo de cartón.
Una pajita de beber.
Una horquilla para el cabello.
Una hoja de papel.
Plastilina.
Un lápiz.
Pegamento y tijeras.

Dibuja un hombre delgado sobre el cartón, de unos 30 cm. de alto. Haz las piernas dos veces más largas que el cuerpo. Recorta la forma dejando un espacio ancho entre las piernas, como en el dibujo.

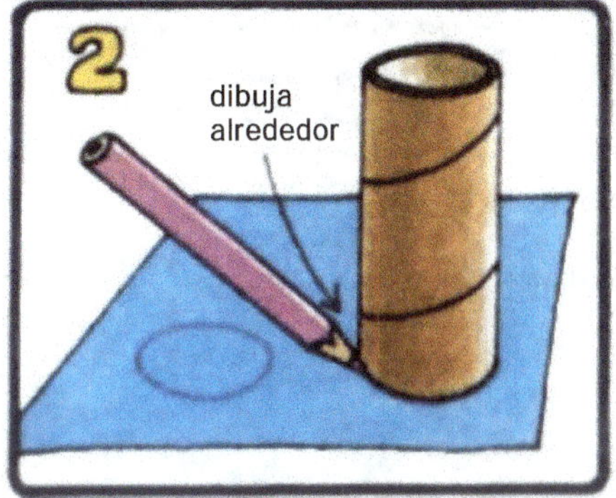

Pon el extremo del tubo de cartón sobre otro cartón y dibuja dos circuios. Recórtalos I cm. más ancho de lo que marcan las lineas dibujadas.

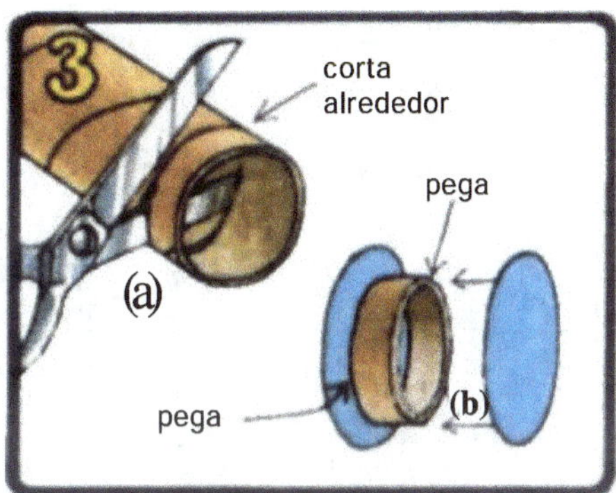

Recorta una banda de 1 cm. de ancho del extremo del tubo de cartón (a). Pega un circulo a cada lado de la banda para formar la rueda (b).

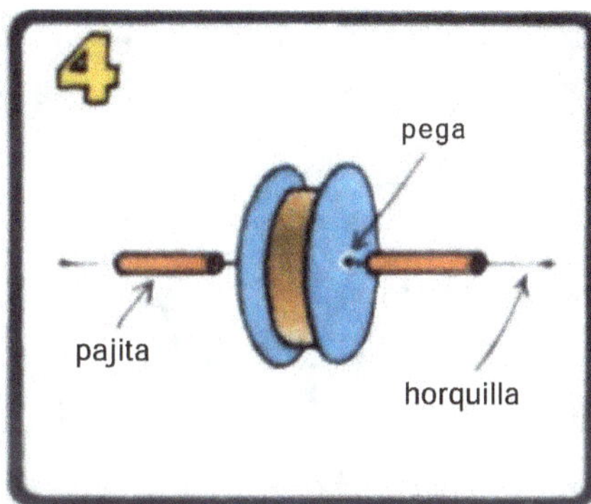

Endereza la horquilla del pelo y métela por el centro de la rueda. Pégala allí. Mete un tro/o corto de pajita por la horquilla a cada lado de la rueda.

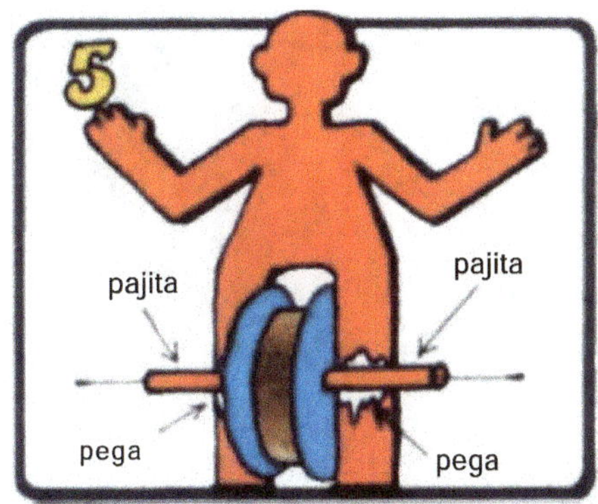

Pon la rueda entre las piernas del hombre de cartón, dejando un hueco en la parte de arriba. Asegúrate de que la rueda gira con facilidad. Pega los dos tro/os de pajita a las piernas, como ves en el dibujo.

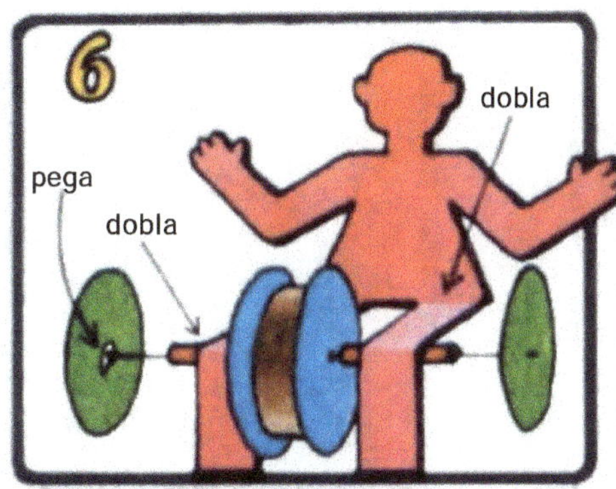

Pasa las piernas del hombre sobre las pajitas y dóblalas. A la altura de las caderas, dobla al muñeco para que parezca que está sentado. Recorta dos círculos pequeños de papel. Pega uno a cada lado de la horquilla.

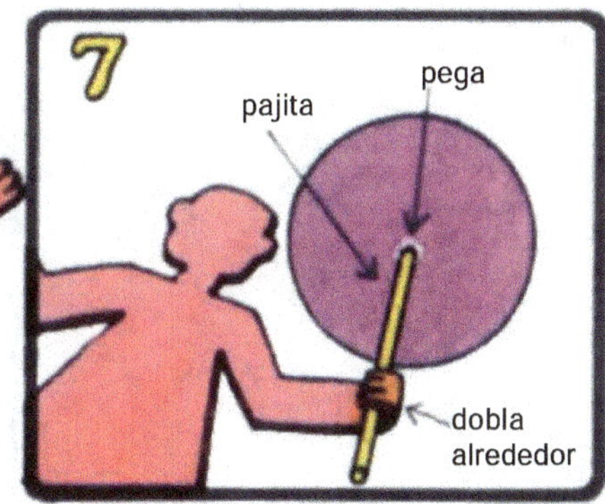

Recorta un círculo de papel y pégalo a un trocito de la pajita. Pega el otro extremo de la pajita a la mano del hombre. Pon dos pegotes pequeños de plastilina al final de las piernas del hombre de cartón.

Los Bomberos

Necesitarás
Una caja de zapatos o una caja
  de cartón de forma rectangular.
Una caja de cartón pequeña.
4 carretes de hilo vacíos.
Uña cuerda muy fina.
3 bandas de goma elástica.
3 tiras de cartón de 30 cm. de
  largo por 6 de ancho cada una.
2 pasadores de papel y tijeras.
2 fósforos usados y pegamento.
3 lápices o 3 palitos finos.
Un tubo de bolígrafo sin la carga
  de la tinta y un globo.
Un envase de plástico.

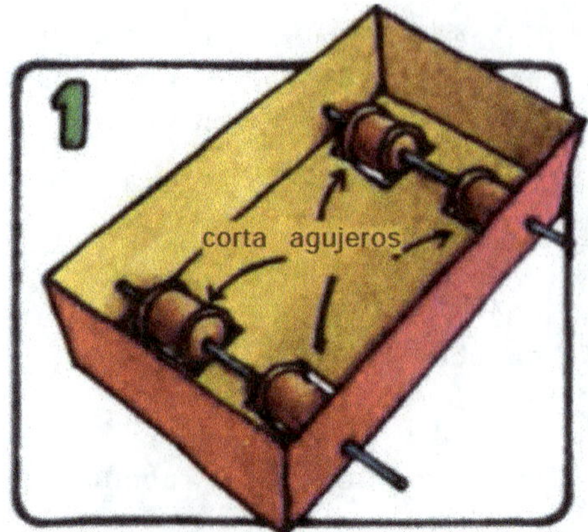

Corta cuatro agujeros cuadrados en el
fondo de la caja de zapatos. Perfora
dos agujeritos a cada lado. Mete dos
lápices por un lado. Mete por cada lápiz
dos carretes de hilo y saca los lápices
por el lado opuesto.

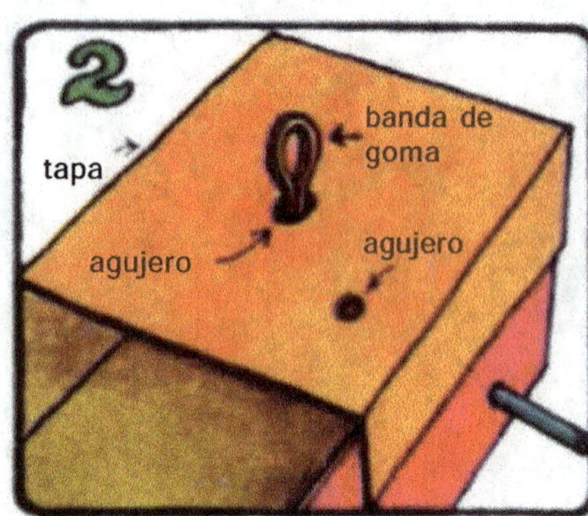

Corta la tapa de la caja por la mitad.
Haz un agujero en el centro. Mete por
este agujero el extremo de una banda
de goma e introduce un fósforo por
debajo. Haz un segundo agujero. Vuelve
a poner la tapa.

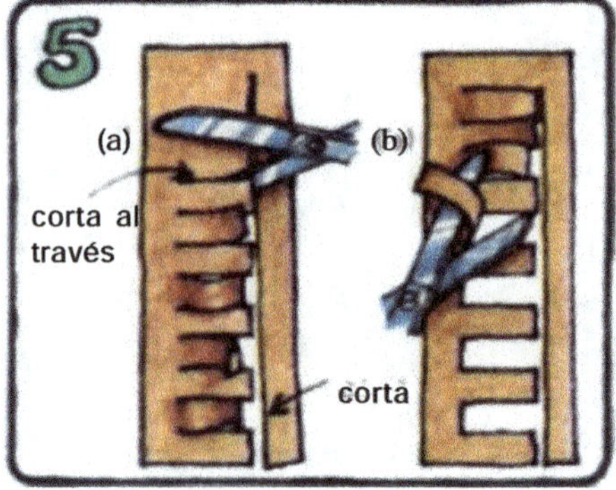

Corta un lado de la segunda tira de
cartón. Después corta al través (a).
Recorta todas las tiritas una sí y una
no (b). para hacer una escalera. Haz
otra escalera de la misma forma.

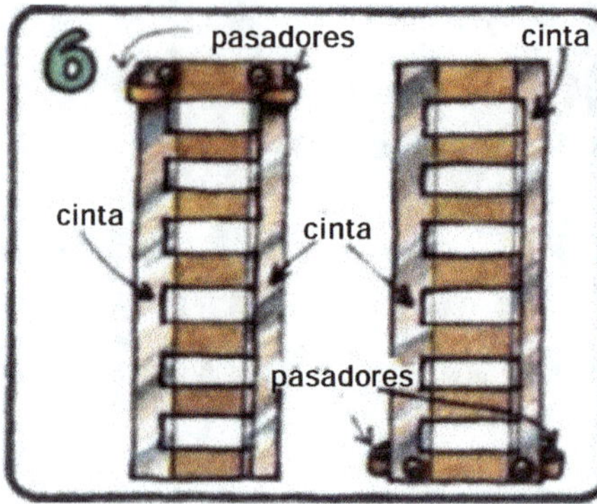

Pon cinta adhesiva a los lados de las
escaleras. Mete dos pasadores en la parte
de arriba de una de las escaleras y oíros
dos en la parle de abajo de la otra
escalera. Dobla los extremos, como ves
en el dibujo.

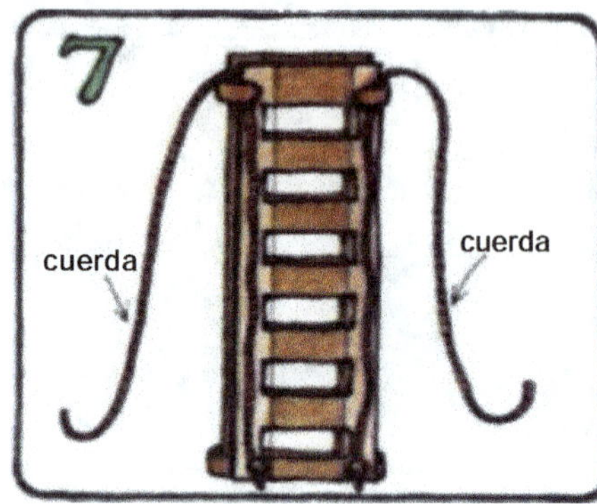

Corta dos trozos de cuerda que tengan
cada una el doble de largo de la
longitud de las escaleras. Junta las dos
escaleras. Ala una cuerda a cada pasador
de abajo y enlaza las cuerdas a los
pasadores de arriba.

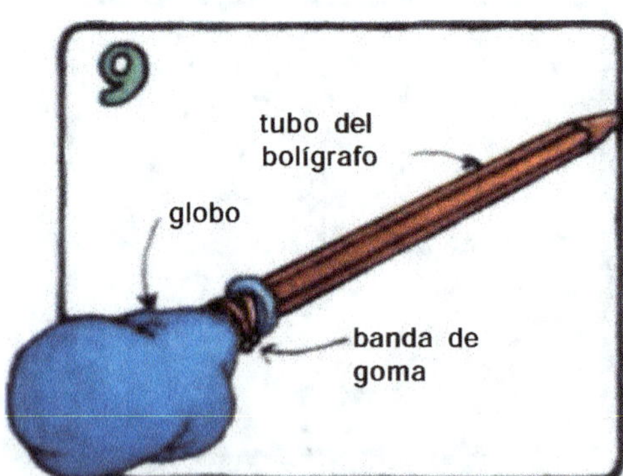

Mete el tubo del bolígrafo sin la carga
dentro de la boca del globo. Enrolla una
banda de goma muy fuerte alrededor
para que quede muy seguro.

Para llenar el globo, coloca el tubo del
bolígrafo debajo de un grifo. Cuando
el globo esté más o menos del tamaño
de una naranja, coloca la lapa o
capuchón del bolígrafo rápidamente.

Mete el globo dentro de un envase de
plástico para evitar salpicaduras.
Introduce el tubo del bolígrafo por el
agujero de la tapa de la caja desde
el interior.

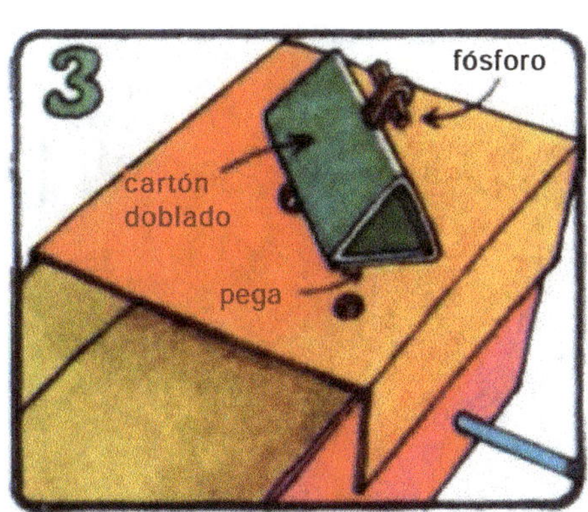

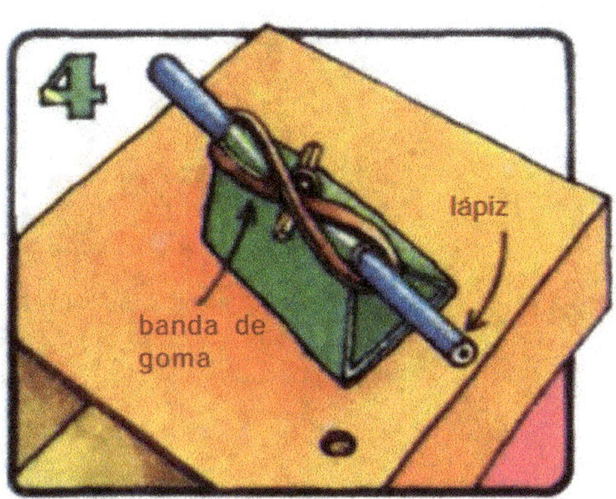

Dobla una tira de cartón para formar un triángulo. Haz un agujero en uno de los lados planos y otro en uno de los dobleces. Mete la goma. Pasa un fósforo por la anilla que forma la banda de goma.

Mete un lápiz por dentro del triángulo de cartón. Enrolla una goma por uno de los extremos del lápiz. Retuércela en el centro del triángulo en forma de ocho y engánchala al otro extremo del lápiz.

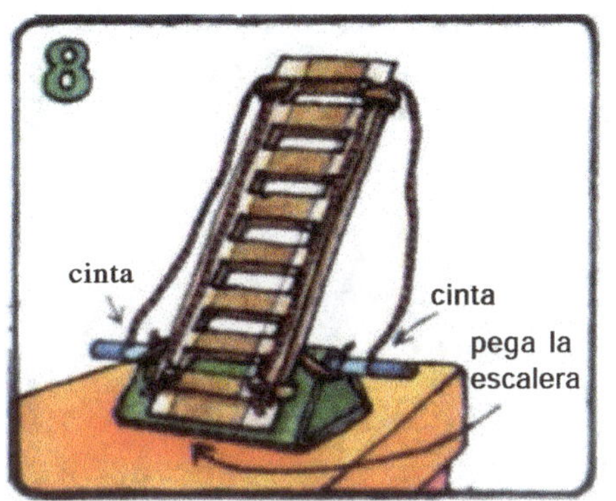

Pega la parte de abajo de la escalera, al triángulo que está sobre la tapa de la caja. Enrolla un extremo de cada cuerda al lápiz y pon cinta adhesiva para sujetarlos bien.

Dirige el camión de los bomberos hacia un supuesto fuego. Tuerce el lápiz para sacar la escalera y quítale la tapa al bolígrafo, para que salga el chorro de agua.

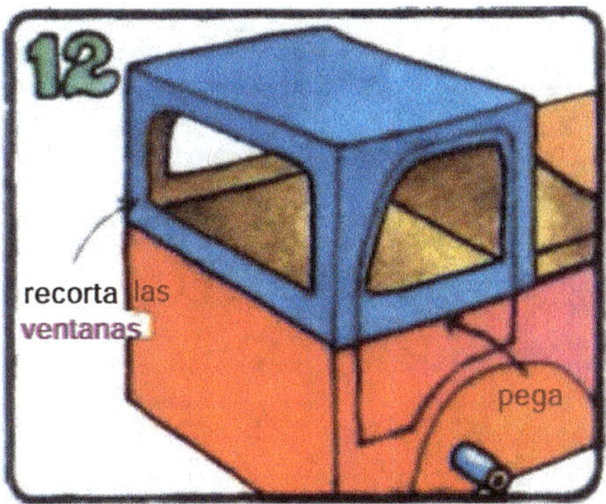

Para hacer la cabina del camión contra incendios, recorta los lados de una caja de cartón pequeña para formar el parabrisas y las ventanas laterales. Pega la caja a la parte delantera del camión.

Haciendo un Cine

Enjaulando un Conejito

Retuerce la cuerda y estírala para que la figura se mueva. Mira lo que sucede.

Necesitarás
Una hoja de cartón blanca.
Un trozo de cuerda de 1 m. de largo.
Un lápiz.
Pinturas o lápices de colores.
Tijeras.

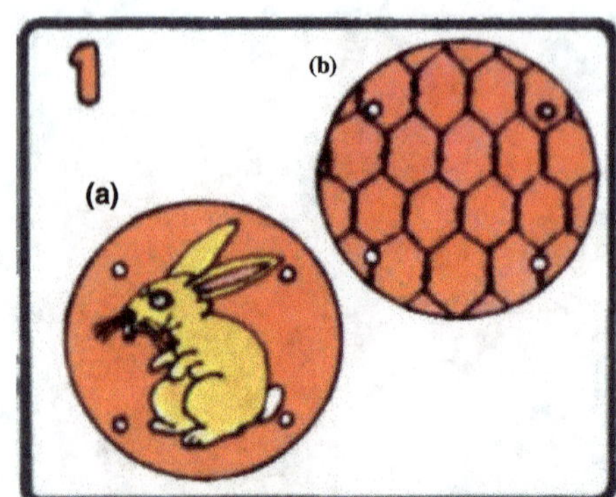

Recorta un círculo de cartón. Haz en él 4 agujeros, cerca de los bordes. Dibuja primero a lápiz y luego pinta un conejito en una de las caras (a). En la otra cara dibuja un jaula de alambre (b).

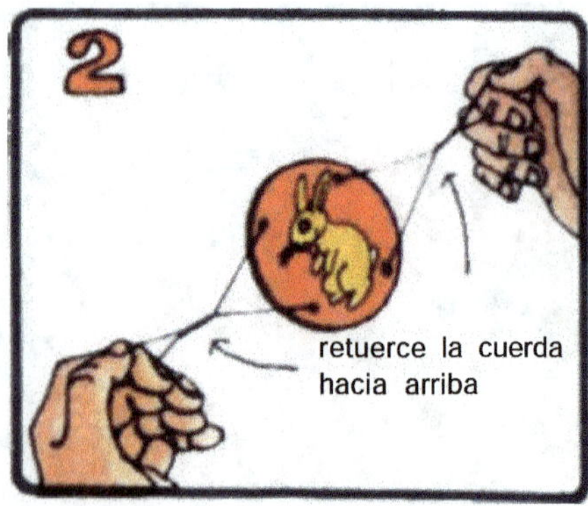

Pasa un cabo de la cuerda por los agujeros. Anuda los cabos entre sí. Sujeta los dos lazos de la cuerda, como ves en el dibujo y haz que el círculo gire en redondo varias veces.

El Patito Picotón

Mueve el papel rápidamente de arriba abajo y observa el patito.

Necesitarás
Un papel rayado de 12 cm. de largo por 12 de ancho.
Un papel sin rayar de 12 cm. de largo por 8 de ancho.
Un cartón de 12 cm. de largo por 8 de ancho.
Un lápiz y una regla.
Cinta adhesiva y tijeras.
Pinturas o lápices de colores.

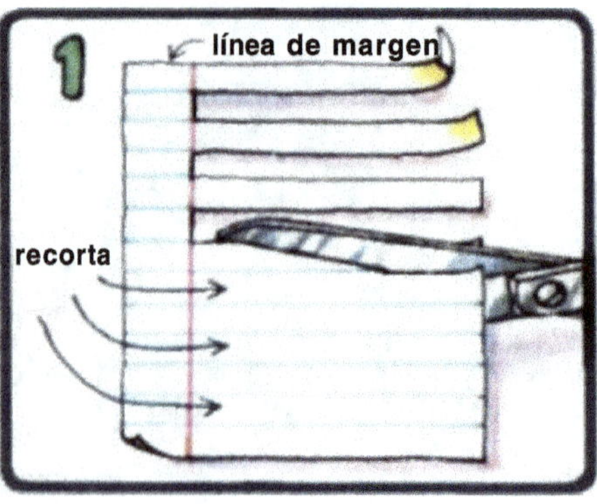

Dibuja o señala un margen de unos 2 cm. de ancho, en uno de los lados del papel rayado. Corta por las rayas hasta el margen. Recorta todas las tiras. Dobla las tiras sobre el margen.

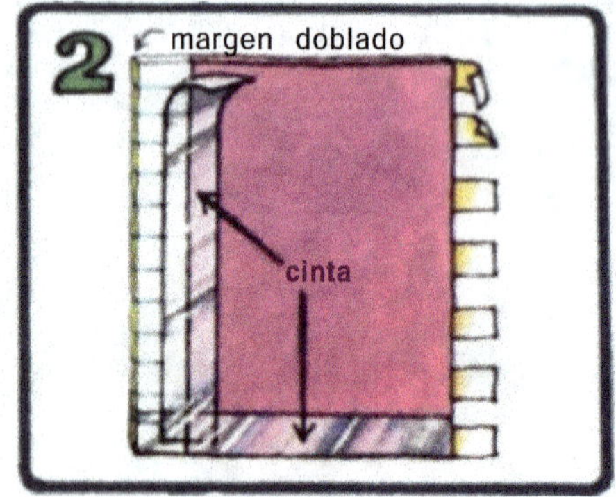

Pon un trozo de cartón debajo del margen doblado. Pégalo con cinta adhesiva. Pega una tira de cinta adhesiva por el borde de abajo del cartón y dóblalo hacia arriba.

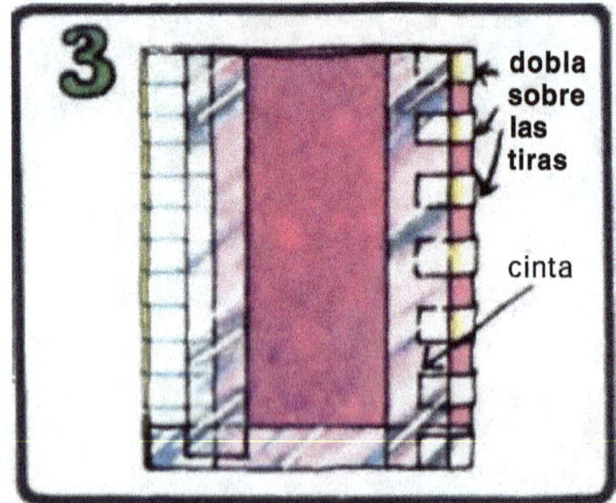

Dobla lodos los extremos de las liras sobre el cartón. Pégalos allí con cinta adhesiva. Asegúrate de que los espacios libres que queden, sean iguales.

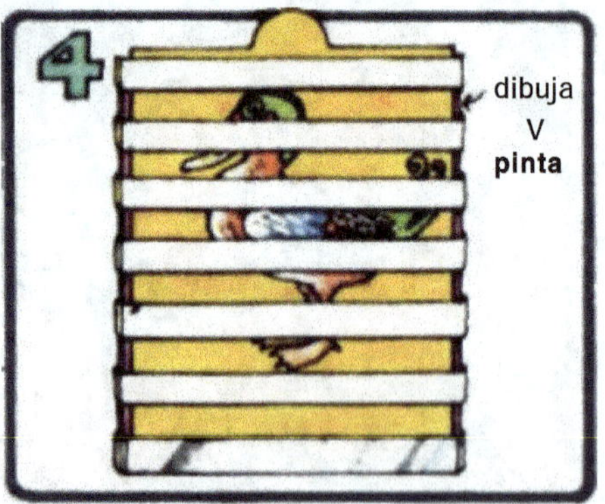

Desliza el papel sin rayas entre el cartón y las tiras. Dibuja y pinta un pato sobre el papel, entre las tiras. Observa el dibujo.

Cuando la pintura esté seca, tira del papel hacia arriba y el patito desaparecerá. Dibuja y pinta un patito picoteando su comida sobre el papel en los nuevos espacios que tienes, como ves.

Dibujos Animados

Pon la caja enfrente de la luz.
Mira a través del agujero o visor.
Gira el extremo inferior del tubo
cuando quieras ver el show.

Necesitarás
Una caja de cartón de 15 cm.
  de largo por 10 cm. de ancho.
2 tubos de cartón y tijeras.
Un cartón y una hoja de papel.
Una tira larga de papel de
  celofán o tiras más cortas
  unidas con cinta adhesiva.
Papel transparente impermeable.
Plumas con punta de fieltro
  o rotuladores.
Cinta adhesiva y pegamento.

Recorta la parte superior e inferior de
la caja de cartón. Haz un agujero para
ver en uno de los lados. Recorta medias
circunferencias a los dos lados de la
caja, arriba y abajo.

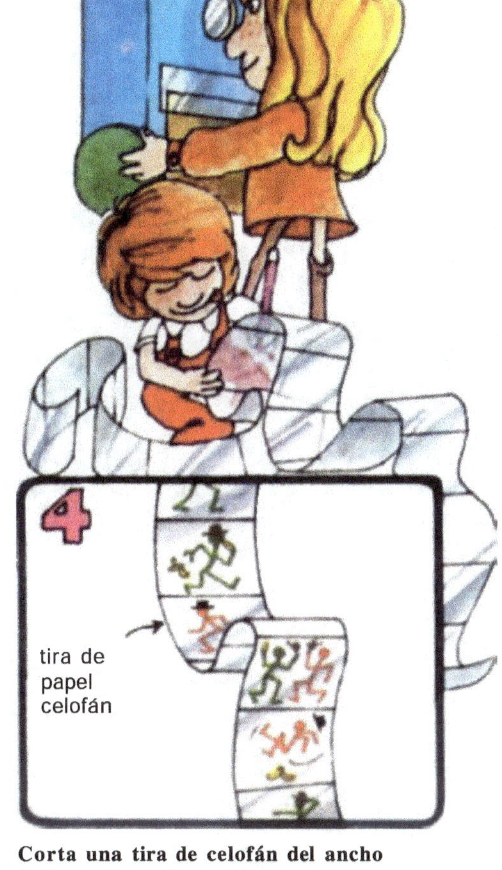

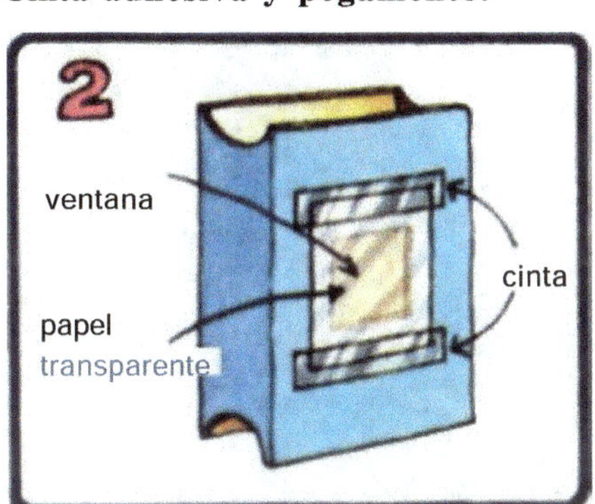

Recorta una ventana cuadrada en el
centro, por el otro lado de la caja. Sujeta
un trozo de papel impermeable alrededor
de toda la ventana con cinta adhesiva.

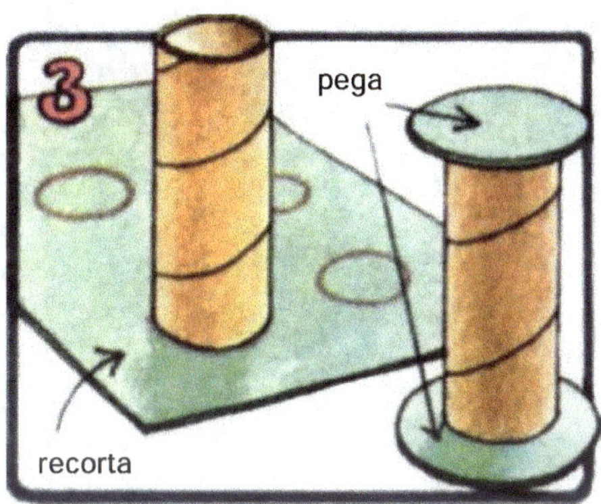

Dibuja cuatro círculos de cartón,
tomando como guía el fondo de un tubo.
Recorta los círculos un poco más
grandes de lo dibujado. Pega los círculos
a los extremos de los dos tubos.

Corta una tira de celofán del ancho
de la ventana. Traza líneas para formar
las viñetas, del tamaño de la ventana.
Dibuja y colorea la historieta que te
gaste, pintando las figuras en cada cuadro.

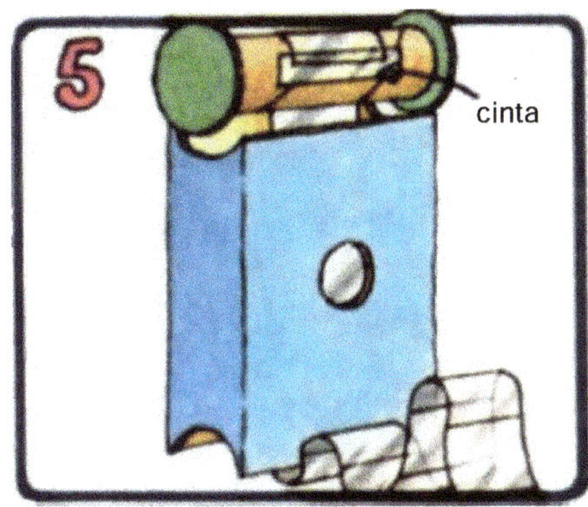

Sujeta uno de los extremos de la tira de
celofán a uno de los tubos de cartón
con cinta adhesiva. Coloca el tubo en lo
alto de la caja. Mete la tira de celofán
por dentro de la caja.

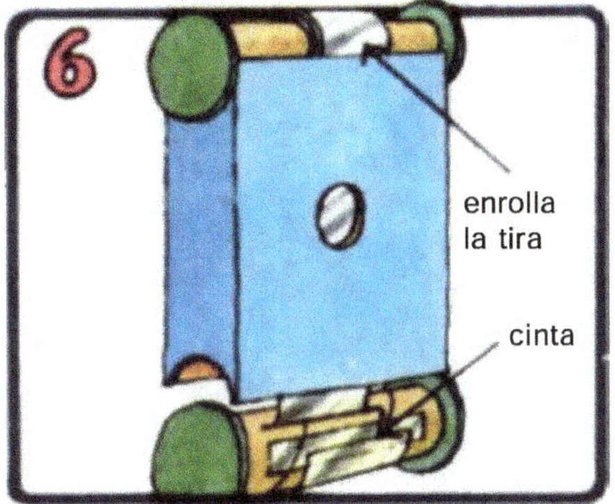

Haz dos cortes a los dos lados del
otro tubo. Mete el otro extremo de la
tira de celofán por ahí. Pégalo al tubo
con adhesiva. Enrolla la tira de papel de
nuevo, sobre el tubo que está en la parte
de arriba.

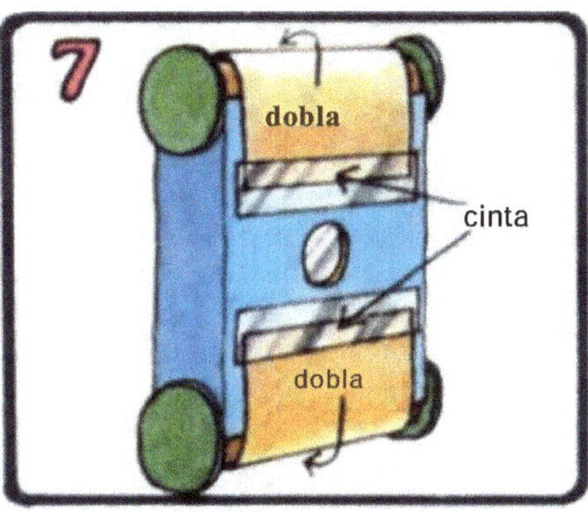

Pon un trozo de papel sobre el tubo de
arriba y sujétalo a ambos lados de la
caja con cinta adhesiva. Haz lo mismo
con el tubo de abajo.

Una Hélice de Gran Potencia

Gira la hélice de esta lancha
unas 20 veces. Ponía en el agua
y ella sola navegará.

Necesitarás
Una botella de plástico estrecha.
Un trozo de plástico, recortado
de un lado de una botella de
plástico.
Un bolígrafo o lápiz sintético sin
la carga de la tinta.
3 bandas de goma elástica.
Un trozo de alambre fino que
se pueda doblar, de unos
10 cm. de largo.
Un fósforo usado y tijeras.
Papel de estaño o de aluminio.

Mete una banda de goma elástica por
dentro del tubo del bolígrafo. Pasa el
fósforo por un extremo de la banda de
goma. Por el otro extremo, engancha un
trozo de alambre doblado.

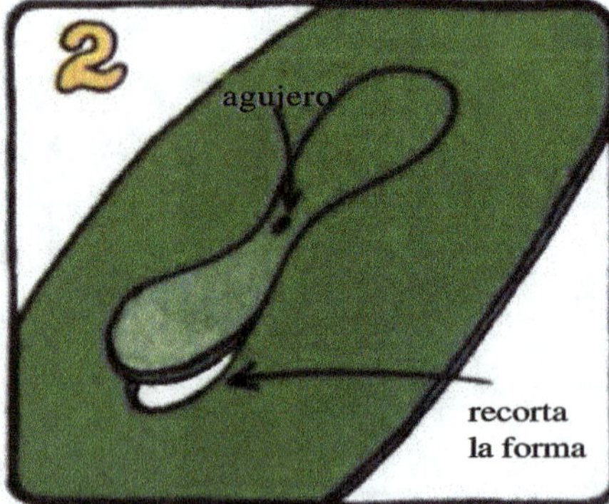

Para hacer la hélice, dibuja la forma de
un ocho, de unos 6 cm. de largo sobre
el trozo de plástico. Recórtala y haz
un agujero en el centro.

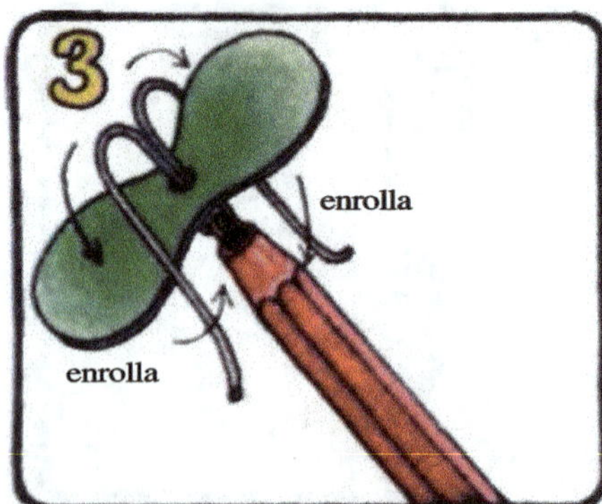

Mete los extremos del alambre por el
agujerito de la hélice. Enróllalos bien
fuerte en torno a la hélice, como ves en
el dibujo.

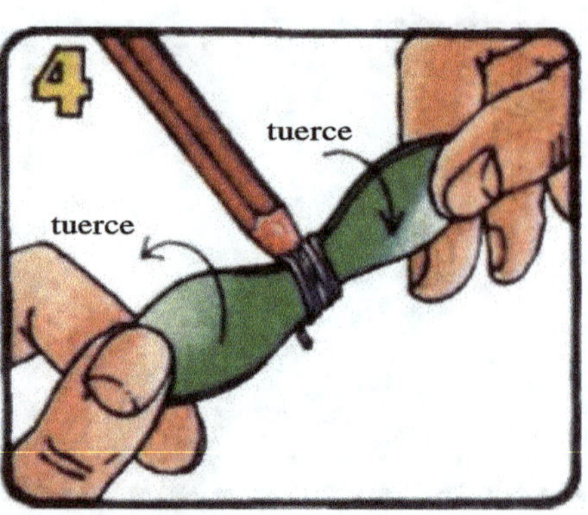

Sujeta la hélice por los extremos y tuerce
el lado derecho en tu dirección y el lado
izquierdo en sentido contrario.

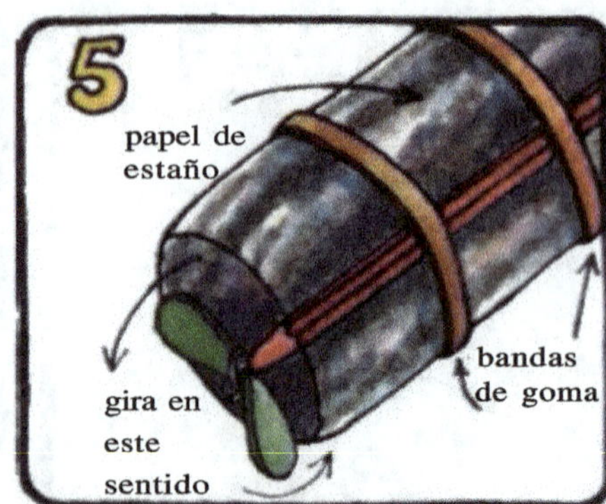

Envuelve toda la botella de plástico en
el papel de estaño. Coloca a un costado
el tubo del bolígrafo, con la hélice
sobresaliendo por el extremo plano de la
botella. Coloca dos bandas de goma.

Un Globo Super-Rápido

Intenta hacer dos lanchas y haz
carreras con ellas. Cuanto más
infles el globo, más lejos y más
rápidas correrán las lanchas.

Necesitarás
Una botella de plástico estrecha.
Un bolígrafo sin el depósito de
   la tinta.
Un globo.
Una banda de goma elástica
   pequeña.
Plastilina.
Tijeras.

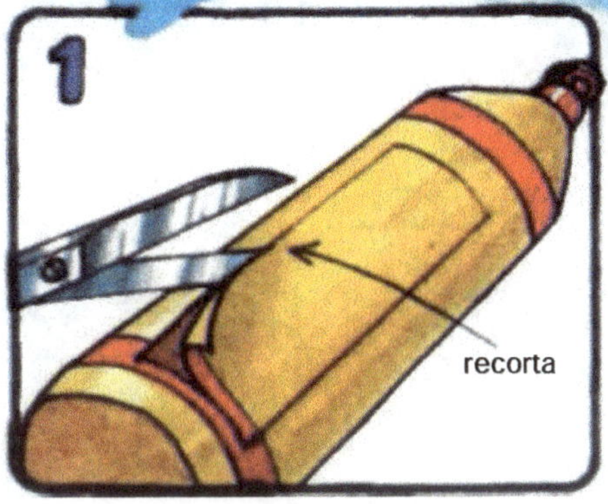

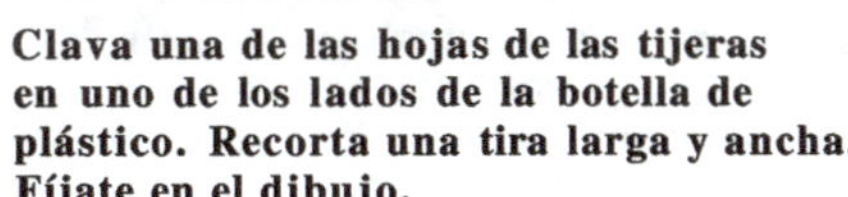

Clava una de las hojas de las tijeras
en uno de los lados de la botella de
plástico. Recorta una tira larga y ancha.
Fíjate en el dibujo.

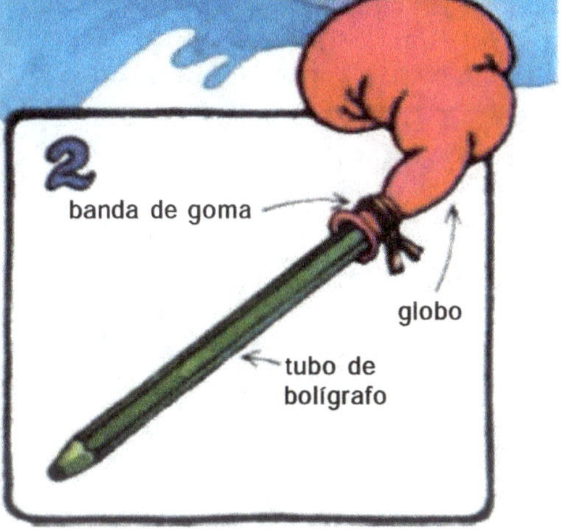

Introduce el tubo del bolígrafo dentro de
la boca del globo y ata la goma
alrededor, bien fuerte.

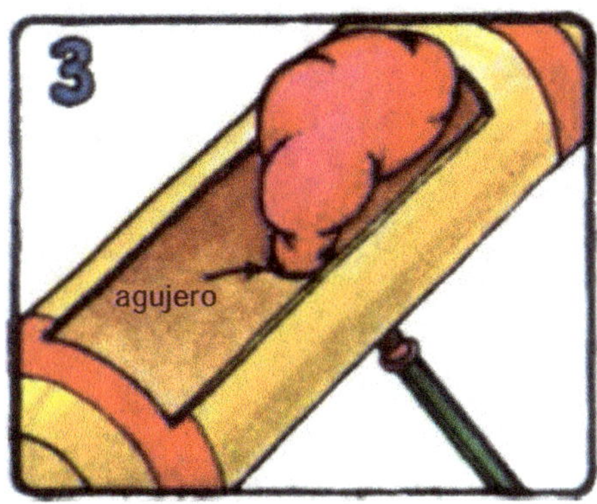

Haz un agujero en la botella de   plástico,
en el lado opuesto a donde hiciste la
abertura ancha y larga. Mete el globo
por el agujero desde fuera.

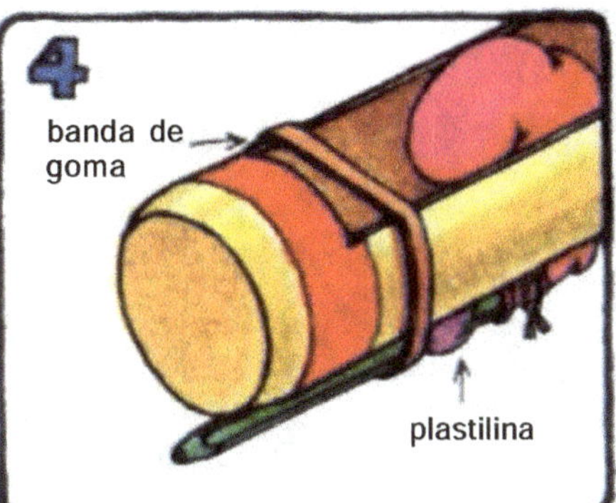

Pon el tubo del bolígrafo pegado a la
botella, apuntando hacia su base. Coloca
una banda de goma sujetando la botella
y el bolígrafo para que no se muevan.
Pon plastilina alrededor del bolígrafo.

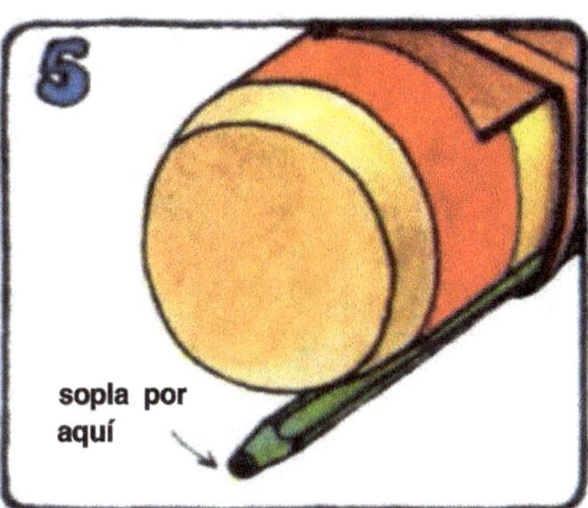

Para hacer que la lancha se mueva, infla
el globo por el tubo del bolígrafo. Pon
rápidamente la lanchita en el agua y
suéltala.

Grúa con Gancho Acoplable

Necesitarás

Una caja delgada de 40 cm. de largo.
2 palos de 60 cm. de largo cada uno.
2 palos cortos y 2 lápices.
2 tapas de cajas de fósforos.
Una caja de cartón cuadrada.
3 trozos de cuerda de 1,5 m. de largo cada uno.
2 clavos grandes y una horquilla.
2 tiras de cartón grueso.
Un envase de plástico.
Una jarra de cristal alta.
Plastilina y tijeras.
Pegamento y cinta adhesiva.

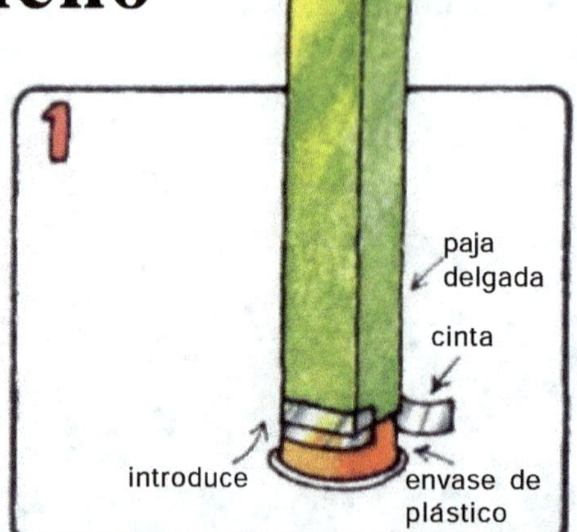

Recorta uno de los extremos.
Pega el lado abierto de la caja con cinta.
Mete dentro un envase de plástico, introduciéndolo por la parte inferior del mismo. Sujétalo bien fijo con cinta.

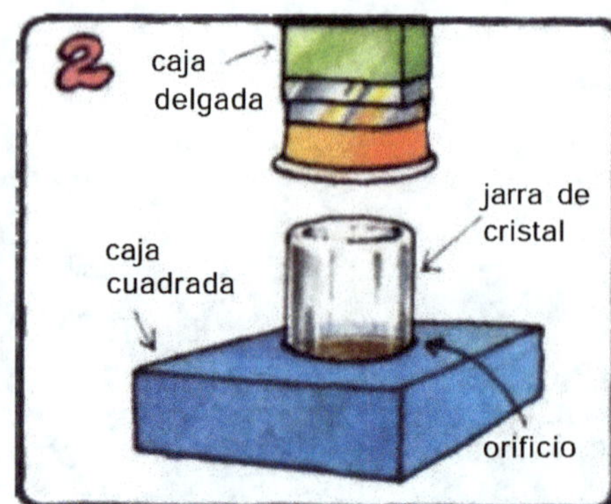

Haz un orificio redondo en la caja cuadrada. Mete dentro la jarra de cristal. Ajusta el envase de plástico encima de la jarra. Esta es la base de la grúa y debe girar de un lado a otro con facilidad.

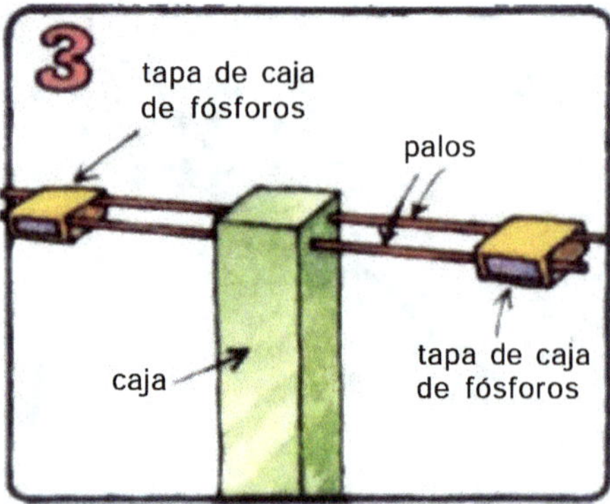

Desliza la tapa de una caja de fósforos sobre dos palos largos. Haz agujeros a los lados de la caja delgada y mete por ellos los palos largos. Haz lo mismo por el otro extremo.

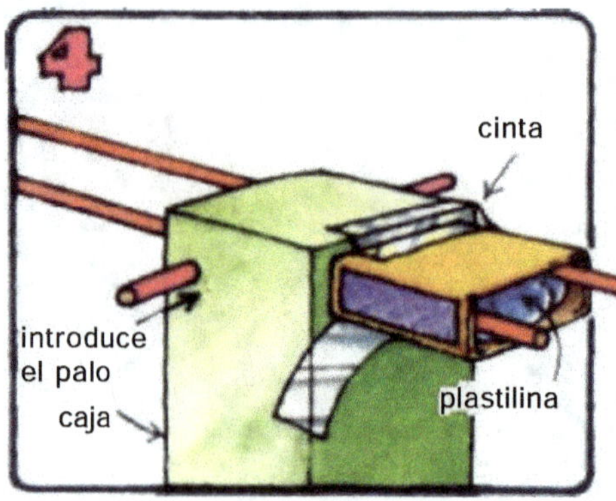

Sujeta con adhesiva una tapa de caja de fósforos a la caja delgada. Mete dentro mucha plastilina. Haz agujeros en lo alto de la caja e introduce un palito corto.

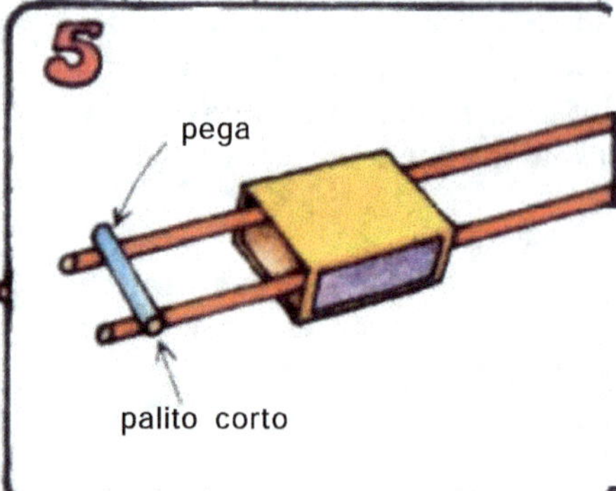

Pega el palito corto a través de los extremos de los dos palos largos. Asegúrate de que la tapa de la caja de fósforos se desliza con facilidad por los palos.

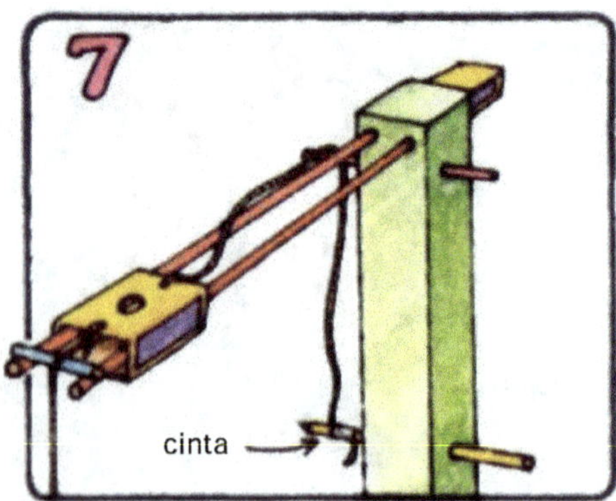

Mete un lápiz atravesando la caja delgada aproximadamente por la mitad. Desliza la tapa de la caja de fósforos hasta el extremo de los palos. Enrolla una cuerda por el palo corto y sujeta el extremo suelto al lápiz con cinta adhesiva.

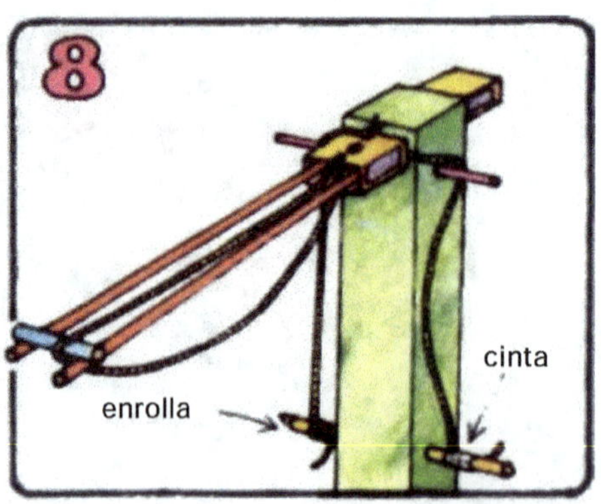

Enrolla el lápiz para deslizar la tapa de la caja de fósforos. Enrolla la segunda cuerda a los extremos del palo a través de la tapa de la caja de fósforos y por encima del palito más corto. Con cinta sujeta el extremo de la cuerda al lápiz.

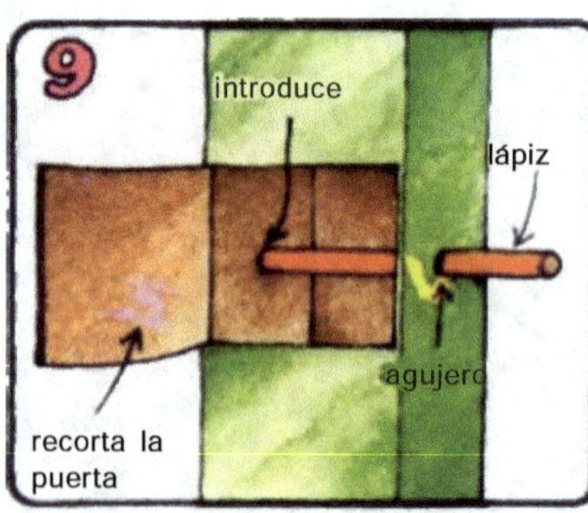

Recorta una puerta en la caja delgada y alta por debajo del lápiz. Mete otro lápiz atravesando la caja de lado a lado. Mira el dibujo.

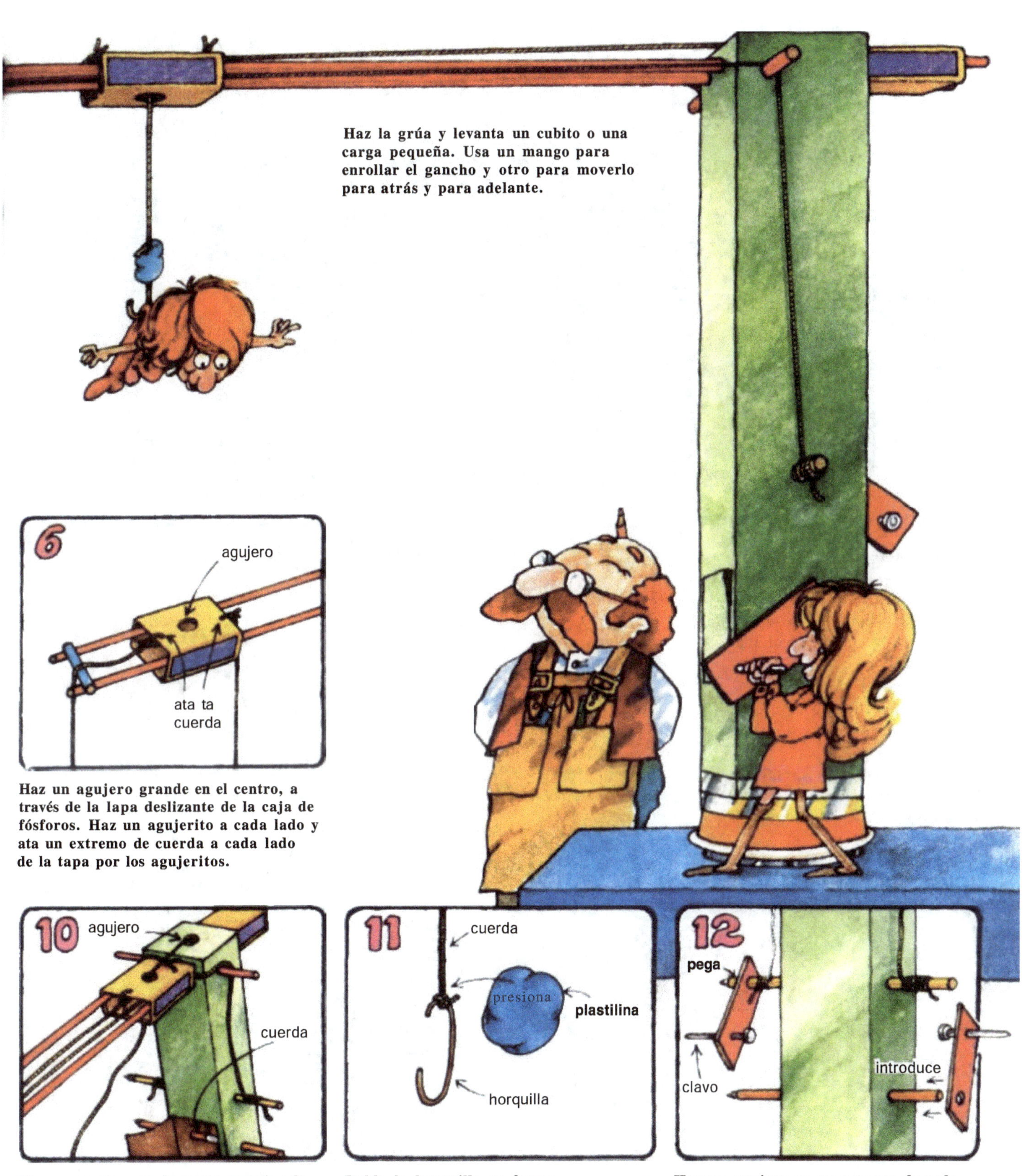

Haz un agujero grande en el centro, a
través de la lapa deslizante de la caja de
fósforos. Haz un agujerito a cada lado y
ata un extremo de cuerda a cada lado
de la tapa por los agujeritos.

Haz un agujero en la parte superior de
la caja delgada. Mete dentro el extremo
de una tercera cuerda. Sujétalo con
adhesiva al segundo lápiz. Pasa el otro
extremo, a través del agujero en la tapa
deslizante de la caja de fósforos.

Dobla la horquilla en forma
de gancho por un extremo y de anilla
por el otro. Ata el extremo de la tercera
cuerda a la anilla. Pega mucha plastilina
a la anilla y al nudo.

Haz un agujero en un extremo de cada
tira de cartón. Introduce las liras a los
extremos de cada lápiz y pégalas allí.
Mete un clavo por los oíros extremos
de las dos tiras.

Haciendo un Telar

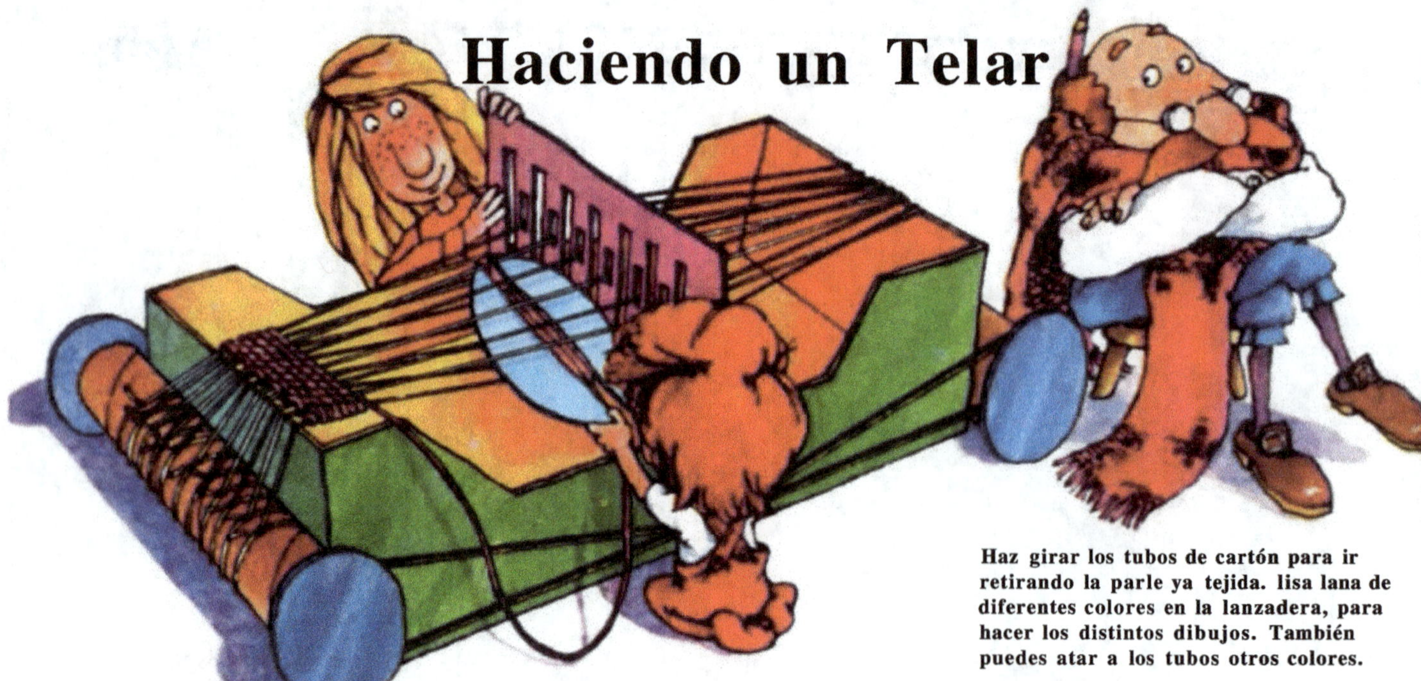

Haz girar los tubos de cartón para ir retirando la parle ya tejida. lisa lana de diferentes colores en la lanzadera, para hacer los distintos dibujos. También puedes atar a los tubos otros colores.

Haz este telar y utilízalo para tejer pequeñas bufandas, corbatas y cinturones. También puedes tejer piezas largas y coser unas con otras para hacer colchas de parches.

Necesitarás

Una caja de zapatos o una caja de cartón fuerte.
Cartulina gruesa o cartón.
2 tubos largos de cartón.
4 bandas de goma elástica.
Lanas de colores.
Lápiz, regla y tijeras.
Pegamento y cinta adhesiva.

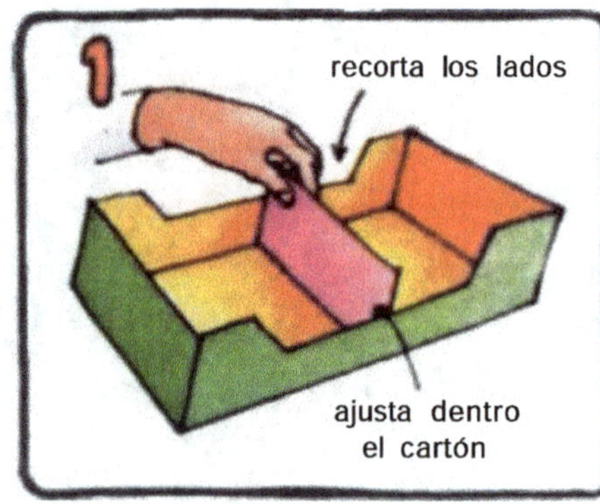

Recorta los lados de la caja, como en el dibujo. Corta un trozo de cartón para el peine del telar de unos 9 cm. de ancho y tan largo como ancha sea la caja. Asegúrate de que encaja bien.

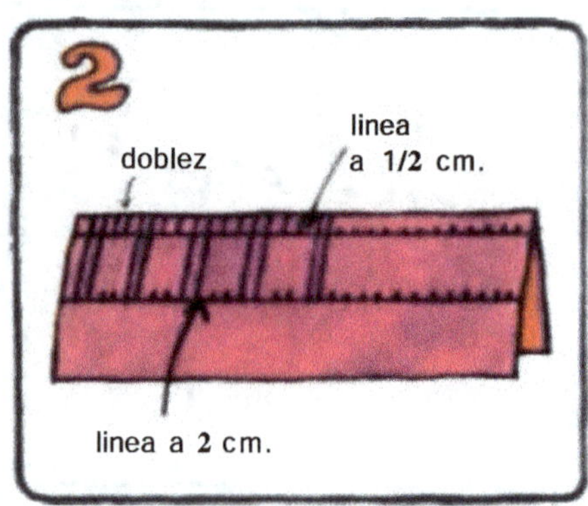

Dobla el cartón por la mitad. Traza dos lineas horizontales a 1/2 cm. y a 2 cm. del doblez. Marca espacios de I 2 cm. a lo largo de ambas lineas. I ra/a verticalmente dos líneas largas de 2 cm. y dos cortas de 1/2 cm. alternativamente.

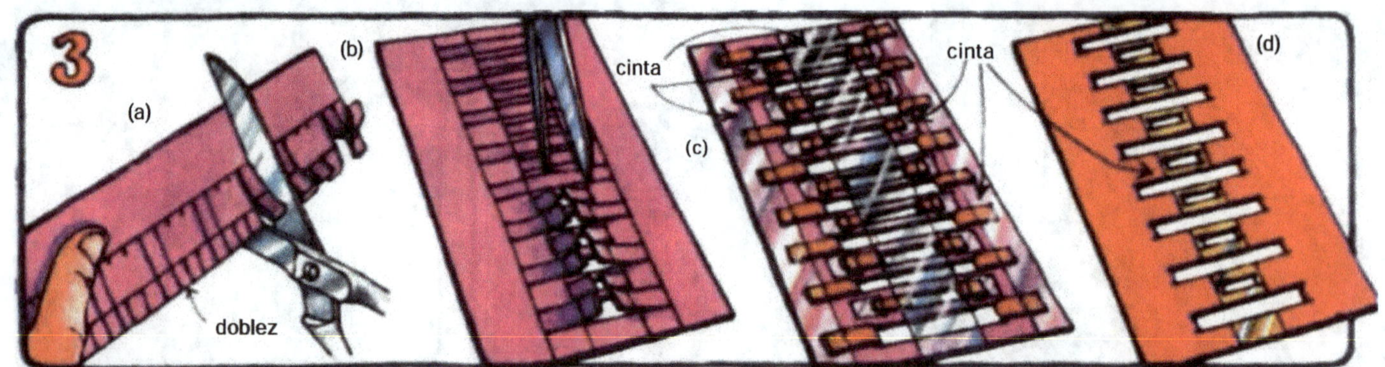

Corta desde el doblez a lo largo, todas las líneas trazadas (a). Desdobla el cartón y corta a lo largo del doblez, un trocito si y otro trocito no (b). Mira el dibujo.

Cuando hayas cortado los trocitos indicados, dobla los trozos cortos por la linea que va a 1/2 cm. del doblez y los largos por la de 2 cm. Pega todas las lenguetas sueltas con cinta (c).

Pega cinta adhesiva a lo largo del doblez por ambos lados del cartón (d). Recorta con las tijeras todos los trocitos de cinta dentro de los espacios, para que queden los huecos abiertos. Este tro/o de cartón será el peine del telar.

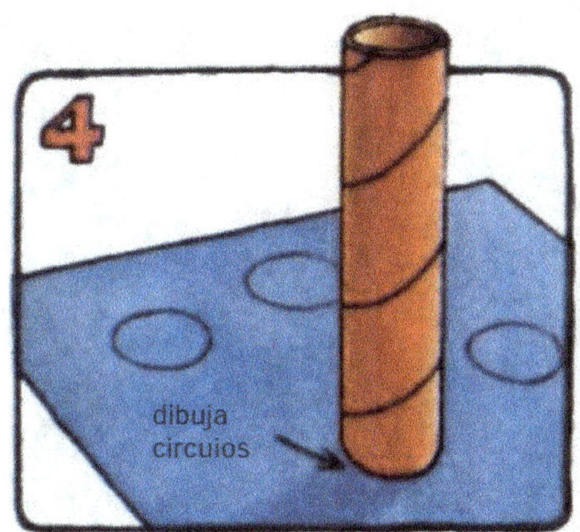

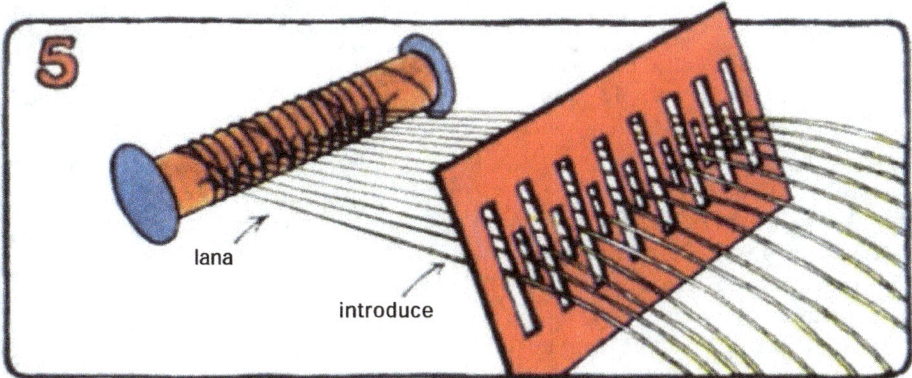

Usando la base de un tubo como guía.
dibuja cuatro círculos sobre el cartón.
Recórtalos un poco más grandes de lo
que los has dibujado. Pega un circulo
a los extremos de cada tubo.

Corta 15 hebras de lana, por lo menos de
50 cm. de largo. Anuda una hebra
en torno a un extremo de un tubo.
Introduce el otro extremo de la hebra.
por el primer hueco del peine.

Haz lo mismo con todas las hebras de
lana, metiéndolas de una en una por
cada uno de los huecos del peine.
Observa el dibujo.

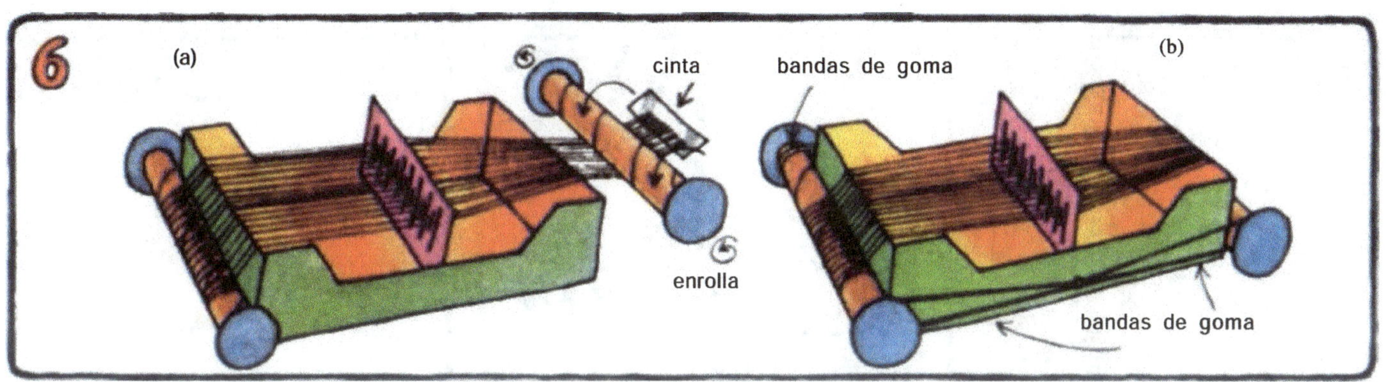

Coloca el peine en el centro de la caja.
Pon el tubo con la lana en uno de los
extremos por la parte de fuera. Pasa los
extremos sueltos de la lana sobre el lado
opuesto de la caja.

Pon el segundo tubo sobre los extremos
de la lana. Sujeta bien estos extremos de
la lana al tubo, con cinta adhesiva (a).

Anuda dos gomas entre sí. Engánchalas
sobre los tubos en uno de los lados de
la caja (b). Anuda otras dos gomas y
engánchalas a los tubos del otro lado de
la caja.

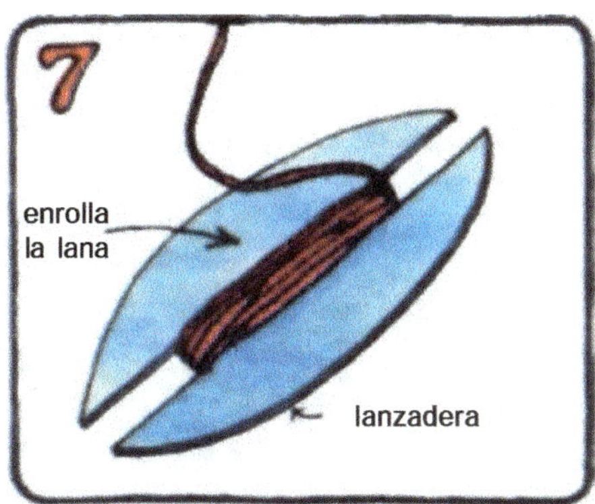

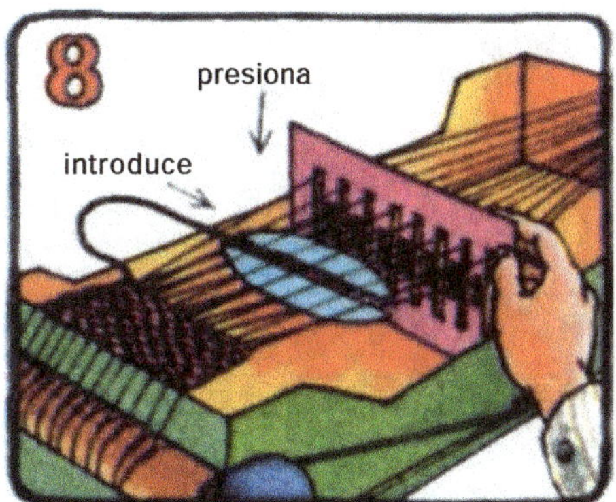

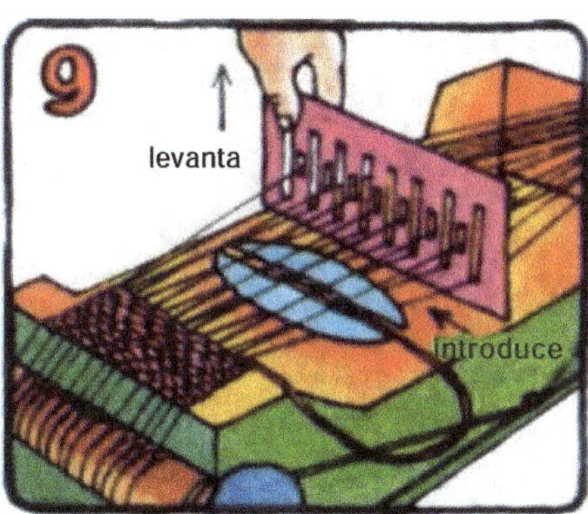

Recorta un trozo de cartón un poco
menos largo que la anchura de la caja,
dándole la forma que indica el dibujo.
Esta será la lanzadera. Enrolla en ella
una hebra muy larga de lana.

Ata el extremo de la lana que está en
la lanzadera, a una hebra de lana del telar.
Presiona el peine hacia abajo e introduce
la lanzadera entre las hebras de lana.

Para tejer la próxima vez, levanta el
peine. Introduce la lanzadera por el lado
contrario. Aprieta con el peine la parte
ya tejida, antes de hacer una nueva
pasada.

Un Barco a Vela

Necesitarás

Una lámina de poliuretano
  cuadrada de 30 cm. de lado.
Un palo delgado de 40 cm.
  de largo.
Un lápiz y tijeras.
Una bolsa de plástico fuerte.
2 tubos de pasta de dientes vacíos.
15 pasadores de papel.
Hilo grueso o cuerda fina.
Un alfiler largo de cabeza gruesa.
Una horquilla del cabello.
Una banda de goma elástica.
Aguja e hilo y clavos pequeños.
Papel de estaño o de aluminio.

Dibuja la silueta de un barquito de unos
25 cm. de larga sobre la lámina de
poliuretano. Recórtala con las tijeras.
Envuelve todo el barquito con papel de
estaño ajustando bien los bordes y las
esquinas.

Cuando pongas tu barco a navegar, mira
a la banderita para ver de que lado sopla
el viento. Si la dirección es la misma que
te enseña el dibujo, suelta las dos velas y
coloca el timón derecho.

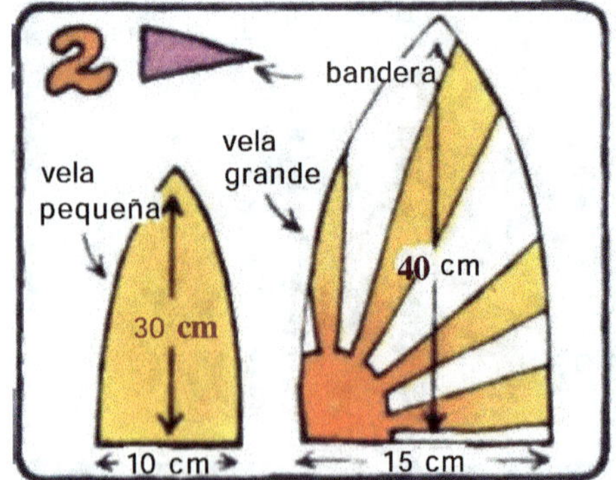

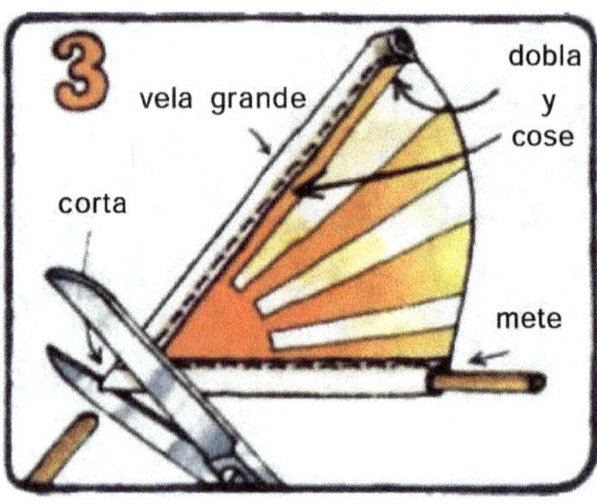

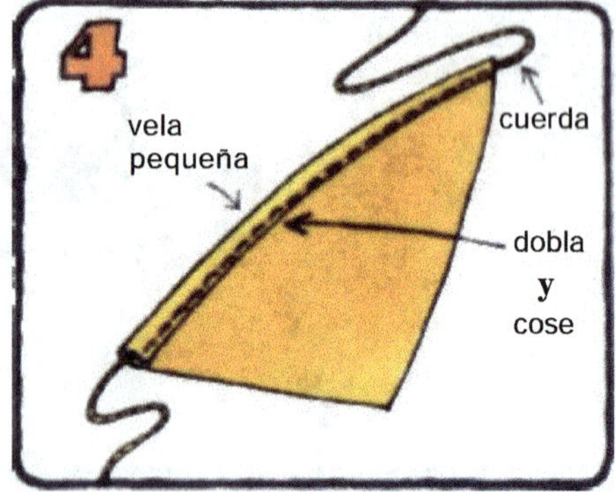

De la bolsa de plástico, recorta dos velas.
La mayor tendrá 40 cm. de altura y la
menor 30 cm. Después recorta una
banderita, larga y fina como ves en
el dibujo.

Dobla un lado curvo y el lado recto
de la vela grande. Cose los dobleces.
Corta la esquina de los lados doblados.
Mete por las aberturas el palito y el
lápiz, como ves en el dibujo.

Corta un trozo de cuerda de unos 60 cm.
de longitud. Ponía estirada a lo largo de
un lado curvo de la vela pequeña. Haz
un dobladillo y cóselo a todo lo largo.

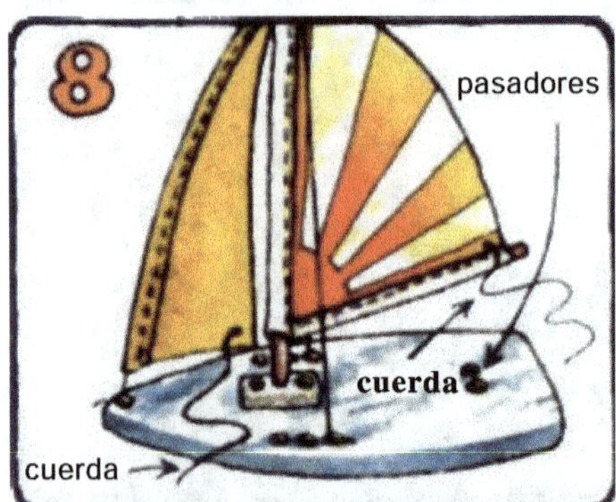

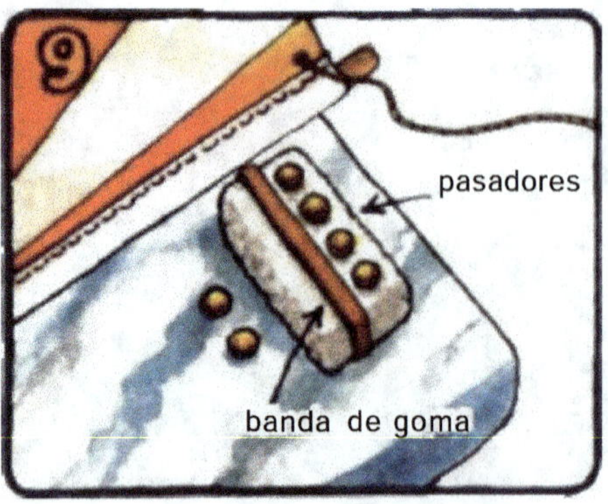

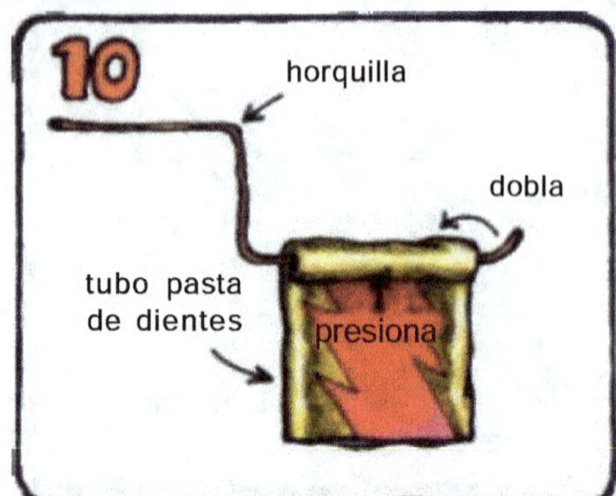

Haz pequeños agujeros en las esquinas
de las velas y ata una cuerda fina a
cada vela. Introduce dos pasadores a
cada lado del barco y otros dos por la
parte de atrás.

Recorta un trozo de poliuretano de
unos 5 cm. de largo por 3 cm. de ancho.
Pon la banda de goma alrededor. Mete 4
pasadores que atraviesen el poliuretano
y el barquito, por la parte de atrás.

Corta con las tijeras los dos extremos
de un tubo de pasta de dientes. Dobla
la horquilla dándole la forma que ves en
el dibujo. Enrolla uno de los extremos
del tubo sobre la horquilla para hacer el
timón.

Si el viento sopla del lado izquierdo, deja las velas a la mitad y lleva el timón a la izquierda.

Si el viento sopla del lado derecho, suelta las velas sólo a medias. Pon a la derecha el timón.

Si el viento sopla de frente el barquito volcará cuando lo empujes. Da la vuelta al estanque hasta que el viento sople de lado.

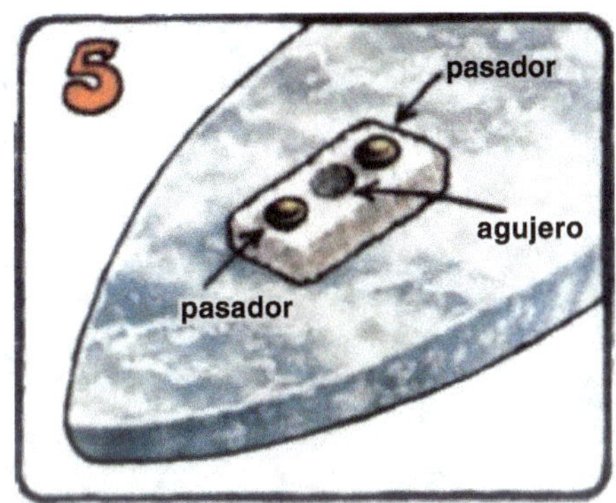

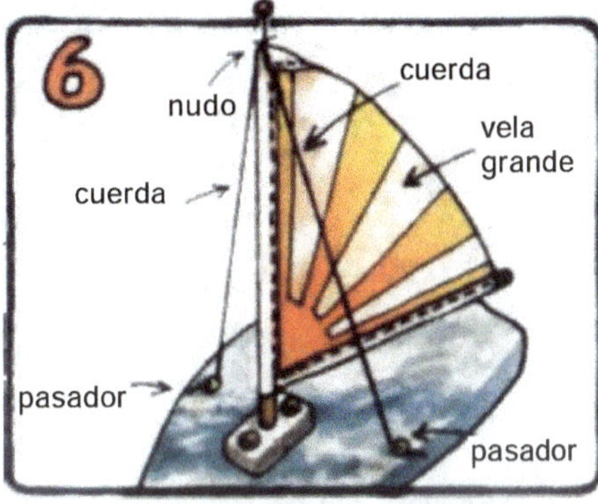

Recorta un trocito de poliuretano de 6 cm. de largo por 3 cm. de ancho. Haz un agujero en el centro. Introduce un pasador a cada lado. Coloca el trocito a unos 6 cm. de distancia de la parte delantera del barco.

Pon el palo en el agujero, como en el dibujo. Mete un alfiler por arriba y átale dos trozos de cuerda. Clava un pasador a cada lado del palo y ata los extremos libres de las cuerdas.

Ata uno de los extremos de la cuerda de la vela pequeña al alfiler. Clava un pasador en la parte delantera del barco y ata el otro extremo de la cuerda. Dobla un lado de la banderita sobre el alfiler y cósela.

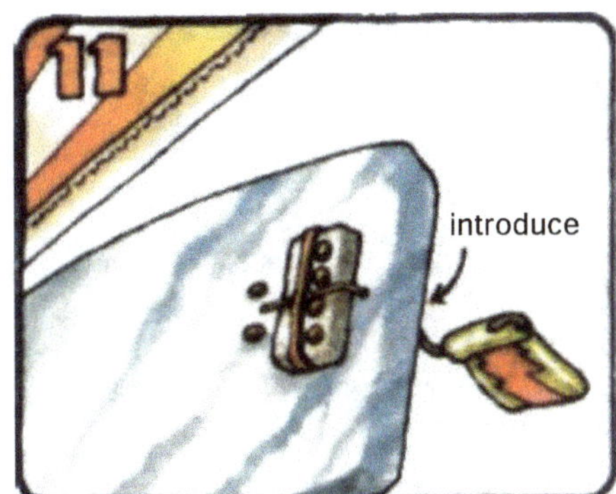

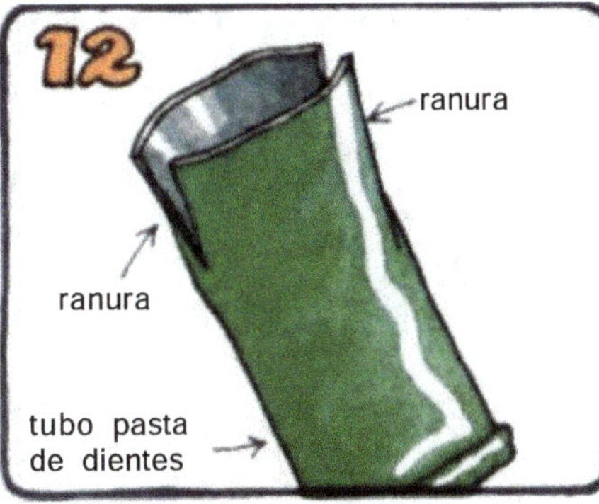

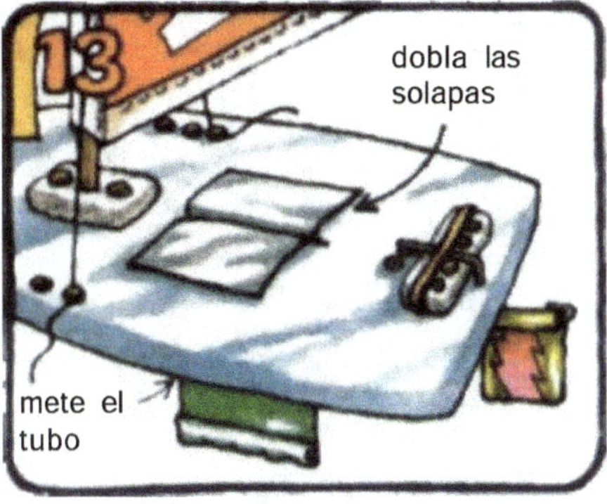

Por la parte de atrás del barquito y por debajo, introduce el extremo de la horquilla, como ves. Pasa la banda elástica sobre el extremo de la horquilla.

Corta la parte de arriba de otro tubo de pasta de dientes. Haz una ranura a cada lado. Mete dentro algunos clavos y presiona el tubo hasta dejarlo plano. Esto servirá de quilla e impedirá que el barquito vuelque.

Haz un corte en el centro del barquito, entre la parte trasera y el mástil. Mete el tubo introduciéndolo por debajo. Dobla hacia atrás las dos solapas en la parte superior del barquito.

El Señor Muecas

Mueve al Señor Muecas de arriba abajo para que los brazos giren. Cuando dejen de hacerlo, agítalo de nuevo.

Necesitarás
2 envases de plástico o de yoghurt.
Un trozo de cartón y de cartulina.
4 fósforos usados.
2 agujas largas.
Sal de mesa y papel no
   muy grueso.
Una pajita de beber líquidos.
Pegamento y cinta adhesiva.
Aguja e hilo.
Un lápiz y tijeras.

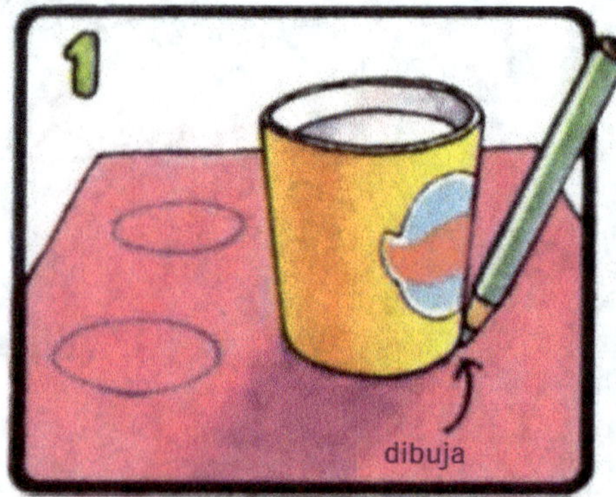

Dibuja cuatro círculos en el cartón, usando como guía la parte superior de un envase plástico. Recorta los círculos.

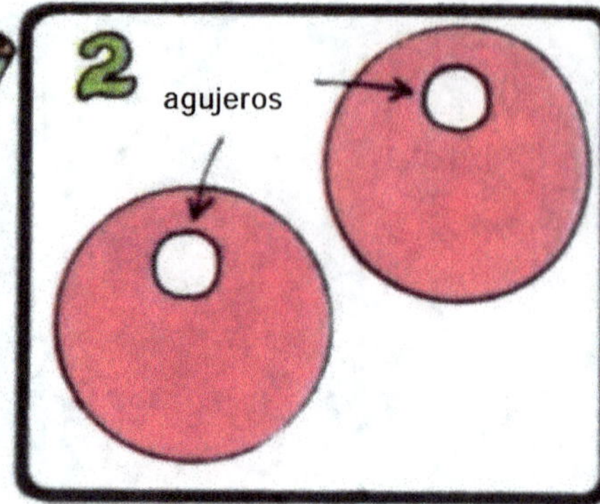

Recorta un agujero redondo en dos de los círculos de cartón, cerca de uno de los bordes. Fíjate en el dibujo.

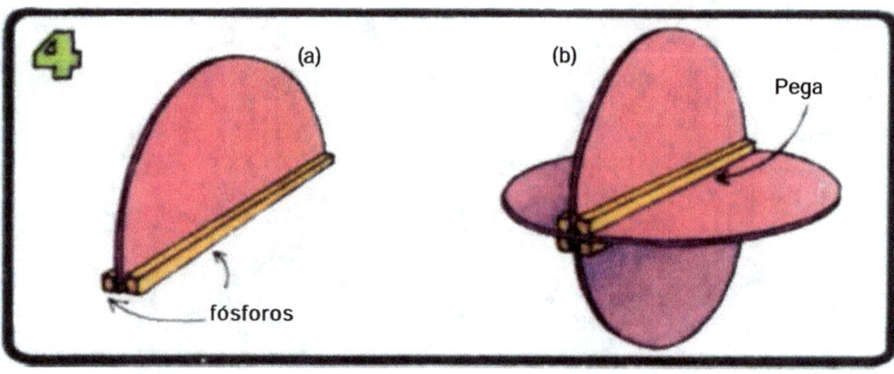

Dobla el tercer círculo de cartón por la mitad. Corta a lo largo del doblez. Pega un fósforo a cada lado de un semi-círculo (a). Pega los dos restantes fósforos a cada lado del otro semi-circulo.

Ahora, pega los dos semi-círculos con los fósforos, uno a cada lado del cuarto círculo que te queda, como ves en el dibujo (b).

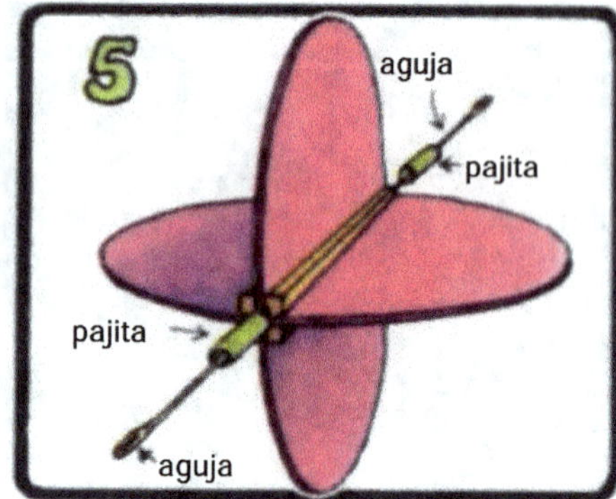

Mete una aguja dentro de cada extremo de los fósforos. Desliza un (rocho corlo de paja en cada una de las agujas por los extremos.

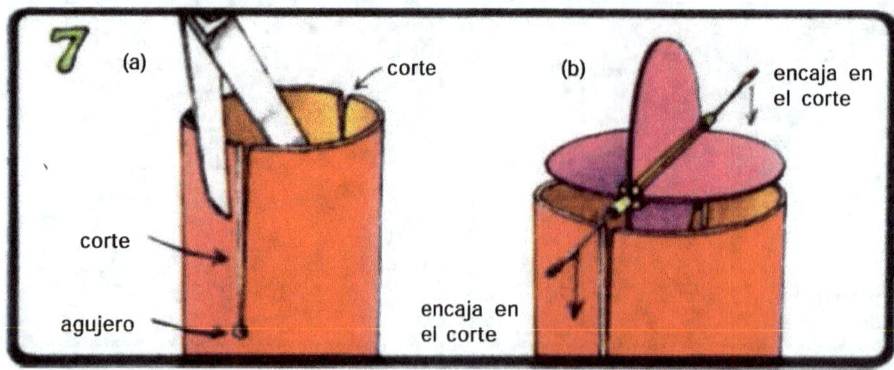

Pon un tubo derecho y haz dos hendiduras o corles hasta la mitad del tubo de arriba abajo, a ambos lados ta). Haz un agújerito al final de cada hendidura o corte.

Mete los círculos de cartón dentro del tubo, cuidando de que las agujas entren o pasen por las hendiduras (b). Cira los círculos para asegurarte de que corren bien. Si ves que no, recórtalos un poco.

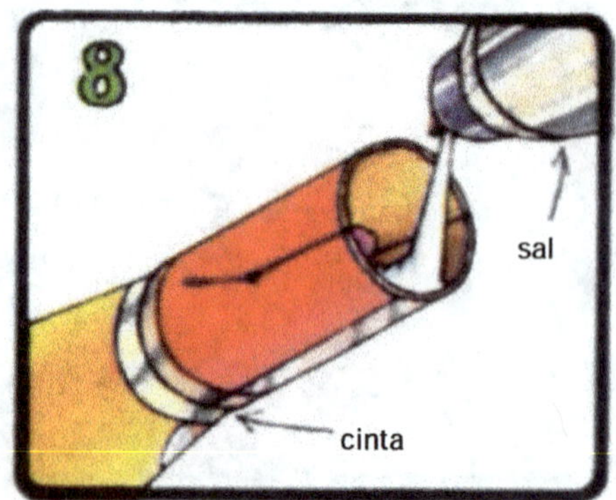

Pon un poco de sal dentro del tubo. Echa lo bastante como para llenar el envase de yoghurt o plástico, casi hasta el borde.

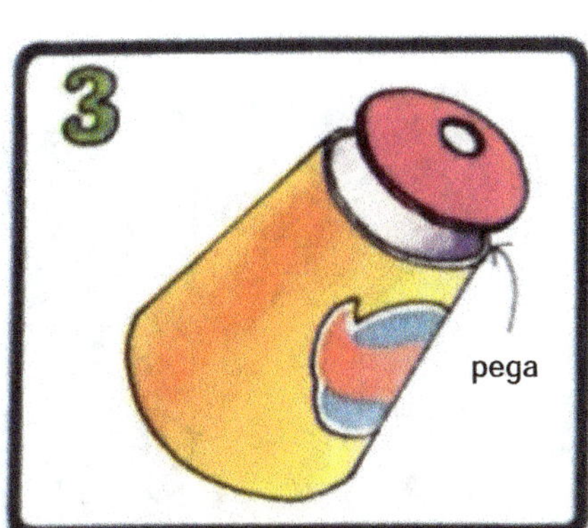

Pega un circulo de cartón con agujero a la parle superior del envase de plástico o de yoghurt. También, haz lo mismo con el otro envase. Pon mucho pegamento para que queden muy seguros.

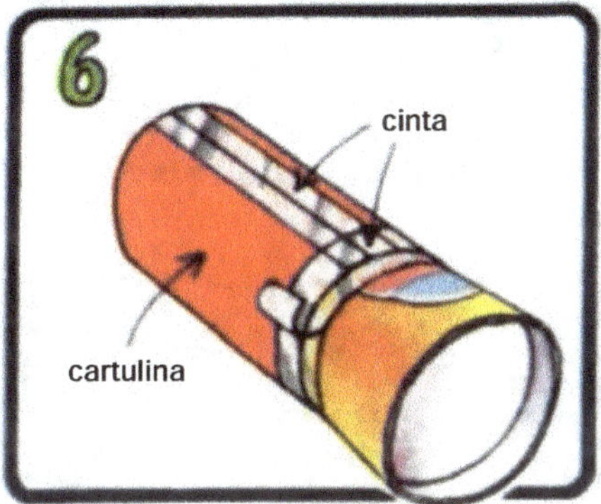

Enrolla un trozo de cartulina a la parte superior del envase de plástico, procurando que quede ajustado. Sujétalo con cinta adhesiva para formar un tubo. Sujeta bien el tubo al envase.

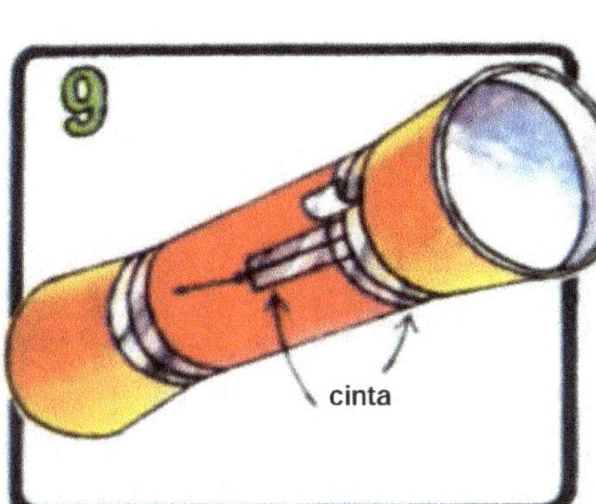

Mete el extremo superior del otro envase por la parte de arriba del tubo de cartulina. Pon abundante cinta adhesiva por el extremo del tubo para que quede bien unido al envase.

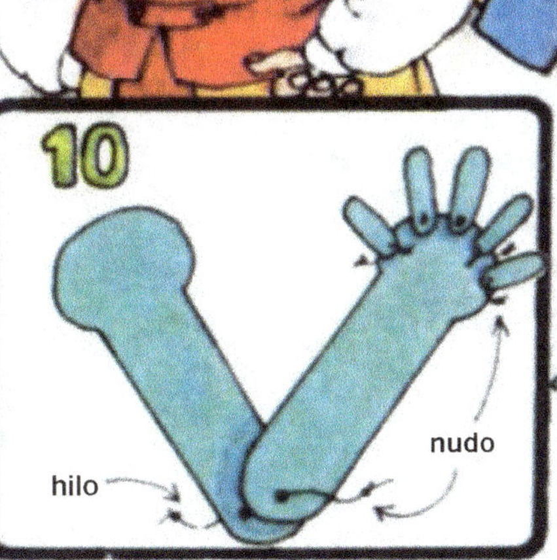

Recorta la silueta de dos brazos largos en papel no muy grueso. Córtalas por los codos. Recorta los dedos y pulgares. Para unir los brazos y dedos, usa aguja e hilo. Observa el dibujo.

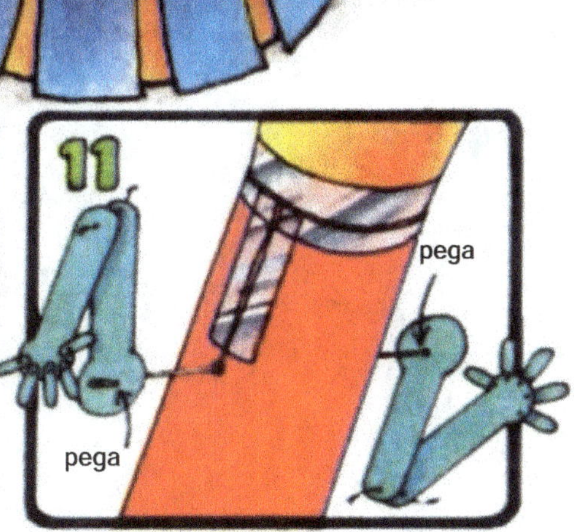

Introduce los exiremos superiores de los brazos en las agujas que hay a ambos lados del tubo. Pon un brazo para arriba y otro para abajo. Usa pegamento para sujetarlos a las agujas.

El Bólido, Formula XF

Necesitarás

Una hoja de papel de 29 cm. de
  largo por 21 cm. de ancho.
2 bolígrafos sin la carga o
  depósito de tinta.
Un capuchón o tapa de bolígrafo.
2 pajitas de plástico de beber
  líquidos o 2 palitos finos.
Una bolita o cuenta de collar.
Alambre enrollable y clips.
Tapa de una caja de fósforos.
Cartón grueso y una taza.
Plástico cortado
  de una botella de plástico.
Una banda de goma fuerte.
Pegamento y cinta adhesiva.
Lápiz, tijeras y carrete de hilo.

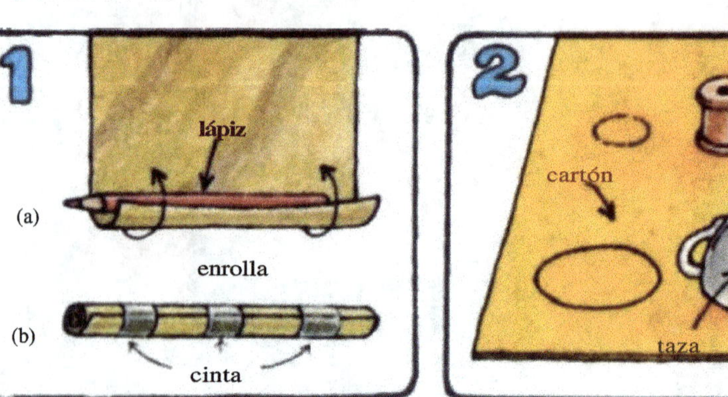

Coloca el lápiz en un extremo del papel.
Enrolla el papel bien apretado en torno
al lápiz (a). Sujeta el extremo del papel
enrollado con cinta adhesiva (b). Saca el
lápiz y tendrás un tubo de papel.

Corta dos pequeños círculos de cartón,
usando el carrete como guía. Estas serán
las ruedas delanteras. Después corta dos
círculos grandes para las ruedas traseras,
usando una taza como guía.

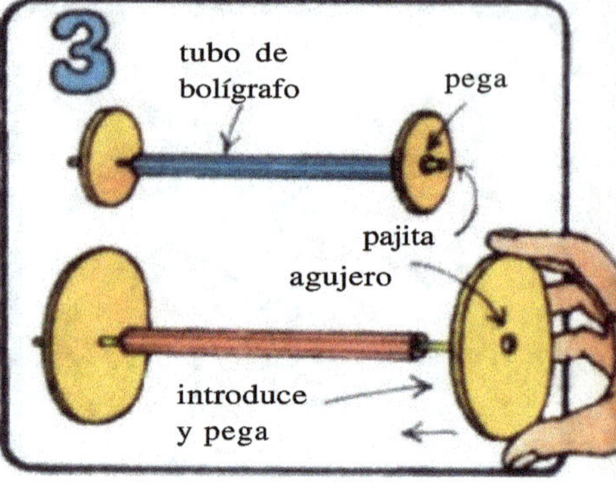

Haz un agujero en el centro de cada
rueda. Introduce una pajita por el tubo
del bolígrafo. Mete una rueda de las
pequeñas por cada extremo y pégalas.
Haz lo mismo con las ruedas traseras.

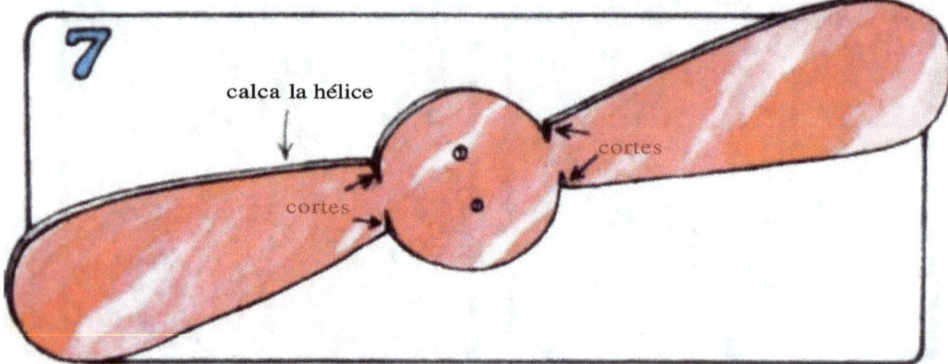

Calca esta hélice en papel fino o
transparente. Recorta la silueta. Ponía
sobre un trozo de plástico y dibújala.

Ahora, recorta la silueta con mucho
cuidado. Haz dos pequeños cortes a los
lados por la parte redondeada. Haz dos
agujeros en la parte central del redondel.

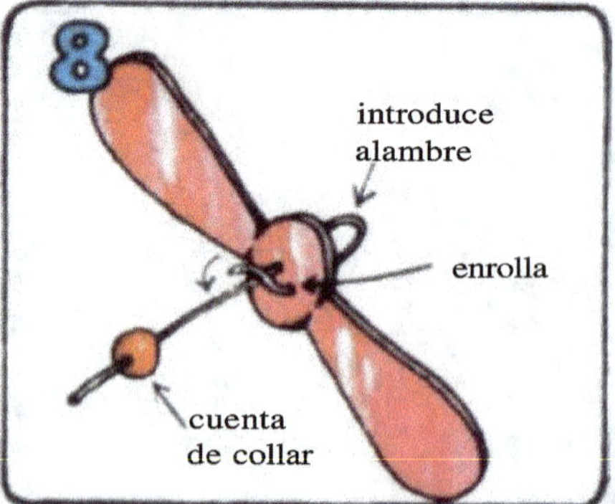

Dobla un trozo de alambre pasándolo
por los agujeros de la hélice y doblando
un extremo sobre otro. Mete una bolita
o cuenta por el extremo más largo y
estíralo hasta que quede derecho.

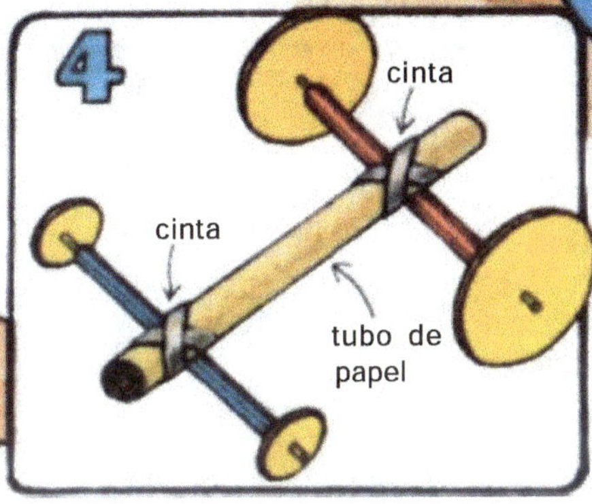

Coloca el tubo de papel atravesado sobre
los dos bolígrafos, como en el dibujo.
Sujeta bien con cinta adhesiva el tubo de
papel y los bolígrafos.

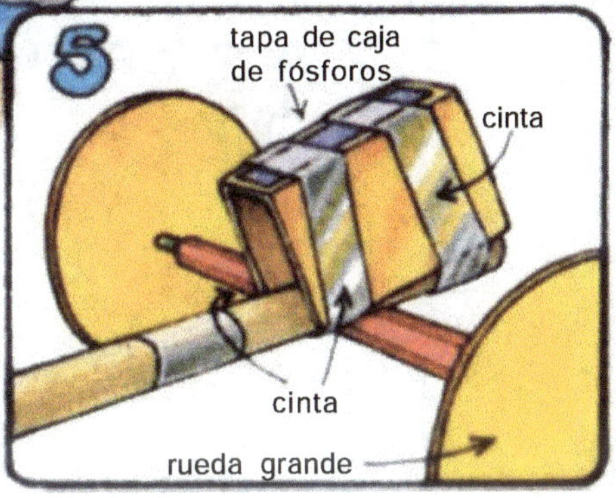

Corta un lado de la tapa de fósforos.
Colócala con el corte para abajo, sobre
el tubo de papel, por el sitio en que están
las ruedas grandes. Inclínala hacia delante
un poquito y sujétala al tubo con cinta.

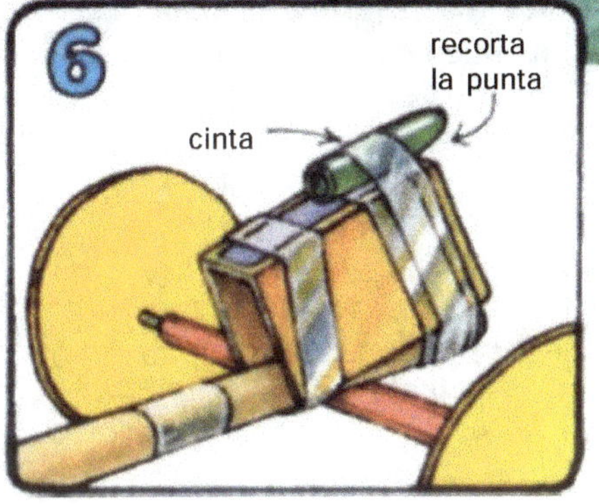

Recorta la punta del capuchón o tapa
del bolígrafo con las tijeras. Ponlo
encima de la tapa de la caja de fósforos.
Sujétalo firmemente con cinta adhesiva.

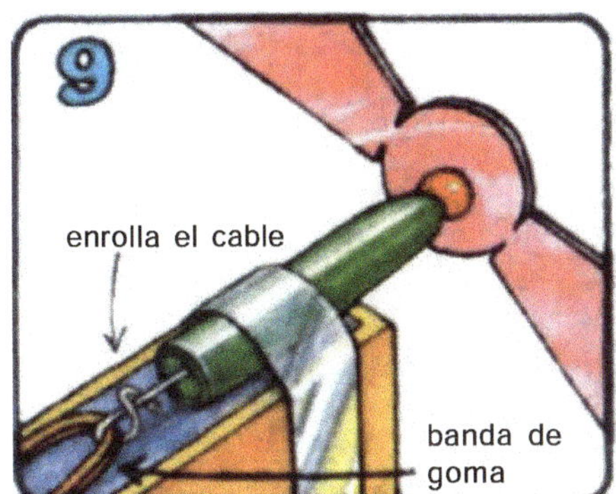

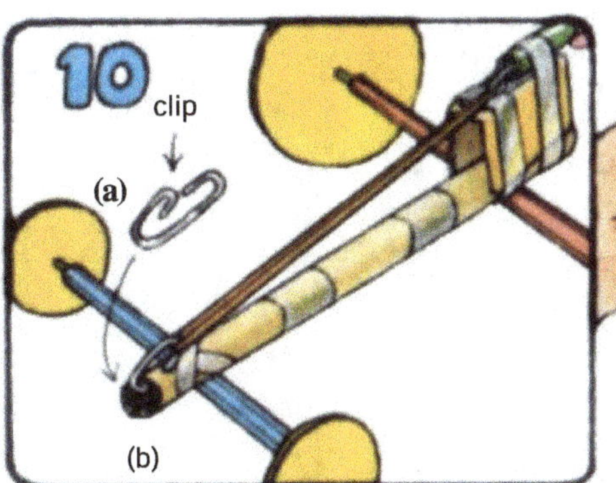

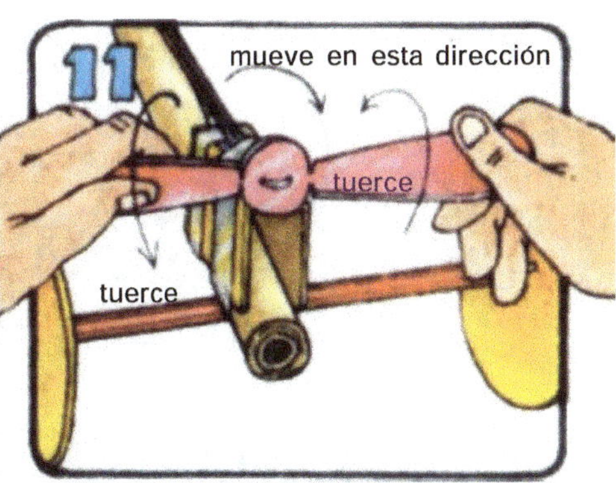

Introduce el extremo más largo del
alambre por la tapa del bolígrafo en
la parte de arriba del bólido. Haz una
anilla sujetando la goma al alambre y
enrolla éste, en torno a la goma.

Abre con cuidado un clip (a). Mete
un gancho del clip por un extremo del
tubo de papel. Engancha uno de los
lados de la goma al otro gancho del
clip (b).

Sujeta la hélice como se ve y tuerce un poco
el lado derecho hacia la parte delantera
del bólido y el lado izquierdo en dirección
contraria. Mueve la hélice como indica
la flecha dándole unas 20 vueltas.

Un Reloj de Agua

Haz este reloj de agua y úsalo
para decir la hora. Si la manecilla
gira demasiado aprisa, deja
un alfiler de cabeza gruesa en el
fondo de la botella de plástico. O
si no mete por el agujero un
trocito de palo que sea fino.
Si el corcho no desciende al bajar
el agua, pon un trocito más de
plastilina en la cuerda. Recuerda
que debes cambiar el recipiente
que has puesto en el fondo de la
caja, cuando se llene de agua.

Necesitarás
Una botella estrecha de plástico
   blando.
Una caja grande de cartón duro,
   de unos 40 cm. de alto.
2 agujas de hacer punto.
2 corchos.
4 trozos de cuerda tan largos
   como ancha es la caja.
Una hoja de papel.
Un trozo de cartón.
Plastilina.
Un recipiente impermeable.
Un lápiz.
Tijeras y pegamento.

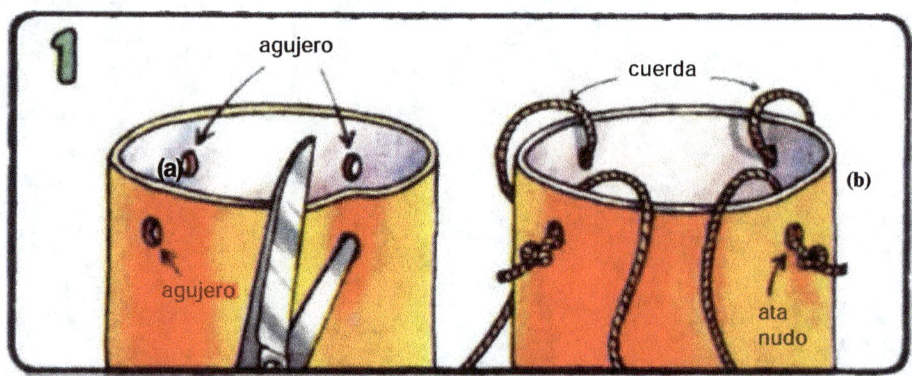

Recorta el fondo de una botella de
plástico. Haz cuatro agujeros en la
botella cerca del borde (a).

Mete un trozo de cuerda por cada
agujero. Haz un nudo al final de cada
cuerda por la parte de fuera de la
botella (b).

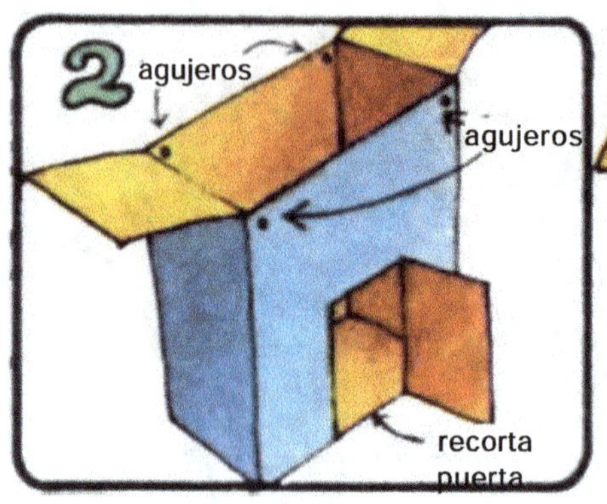

Abre la parte superior de la caja.
Recorta una puertecita en uno de los
lados, cerca del fondo Haz un agujerito
a cada esquina de la caja en la
parte de arriba.

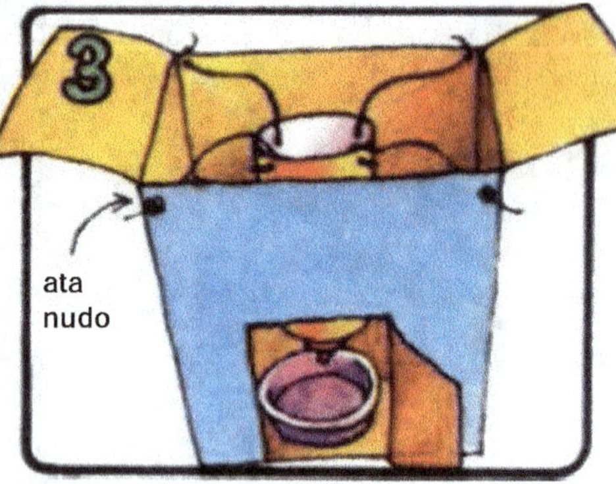

Coloca la botella dentro de la caja.
Introduce una cuerda por cada uno de
los agujeros de la parte de arriba de la
caja y haz un nudo en cada extremo.
Pon el recipiente en el fondo de la caja.

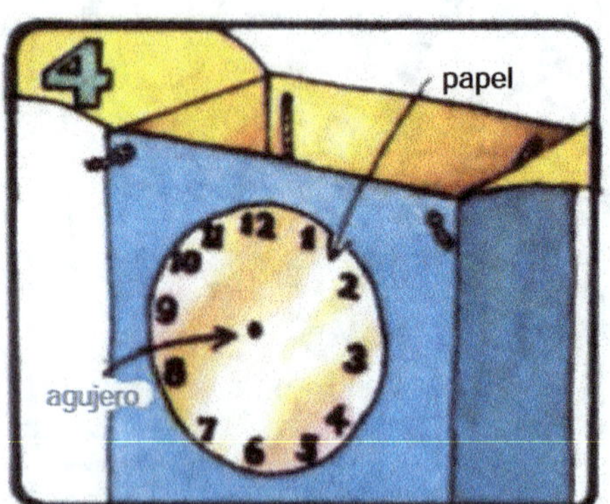

Recorta un círculo de papel. Escribe en
él, los números de 1 al 12, como la
esfera de un reloj. Pégalo a la parte
delantera de la caja, cerca de la tapa.
Haz un agujero en el centro del círculo.

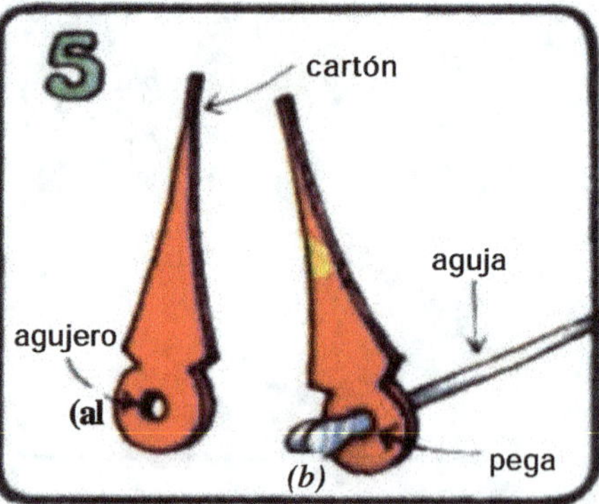

Recorta del trozo de cartón, una
manecilla de reloj. Haz un agujero por la
parte redondeada (a). Mete una aguja de
hacer punto a través del agujerito y pega
la manecilla al extremo de la aguja (b).

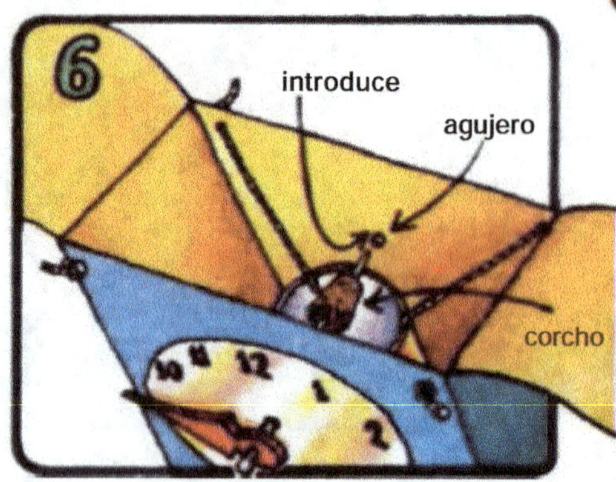

Usando las tijeras, haz un agujero en un
corcho. Mete la aguja por el centro de la
esfera del reloj. Introduce el corcho en la
aguja y sácala por la parte de atrás
de la caja.

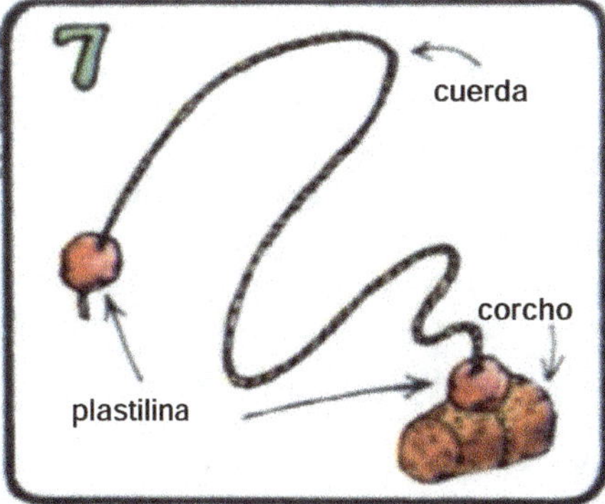

Corta una cuerda un poco más larga que la altura de la caja. Ata el corcho en un extremo. Pon un poco de plastilina en la cuerda junto al corcho, y también en el otro extremo de la cuerda.

Pasa la cuerda alrededor del corcho, como en el dibujo. Deja caer el corcho dentro de la botella. Introduce la otra aguja, clavándola cerca de la primera. Deja que la cuerda pase por encima.

Echa un poco de agua en la botella de plástico. Tira del extremo de la cuerda que tiene la plastilina, para que el corcho llegue sólo a tocar el agua.

Galería de Tiro al Blanco

Necesitarás

Una caja grande de cartón
   rectangular con tapa.
Una caja de cartón pequeña.
2 carretes de hilo.
8 chinchetas (de las utilizadas
   por los dibujantes).
Una lámina de cartón grueso.
Una banda de goma larga.
Un palito delgado o cañita.
Un lápiz y 2 corchos.
Un bolígrafo con el depósito de
   tinta sacado.
Trozos de pajitas para beber.
2 alfileres largos de cabeza gruesa.
Tijeras, cinta adhesiva y
   pegamento.

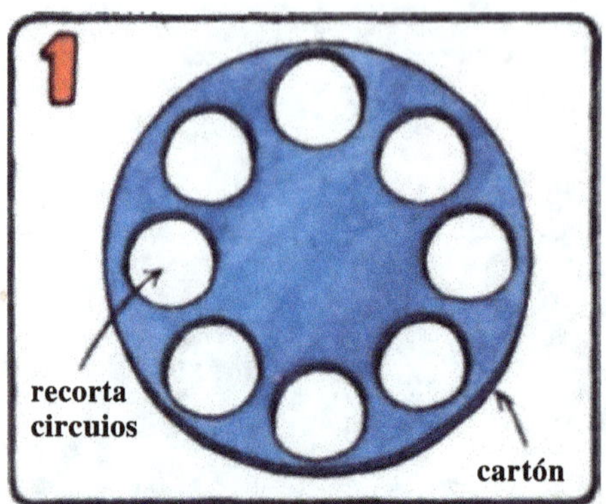

Recorta un círculo de cartón lo bastante
pequeño para ajustarlo dentro y en el
fondo de la caja grande. Recorta
alrededor ocho círculos pequeños,
como ves en el dibujo.

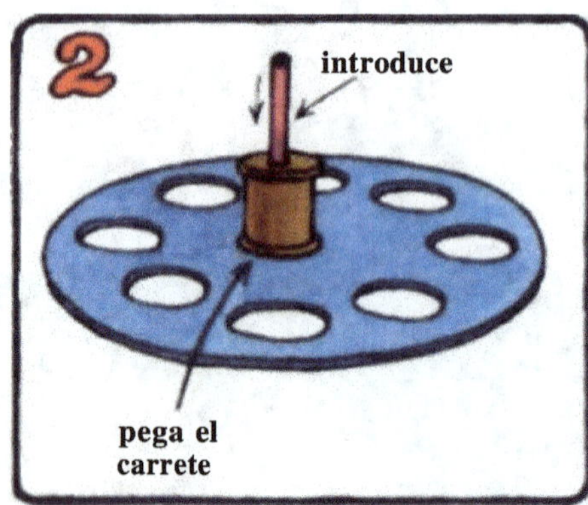

Perfora un agujerito en el centro del
círculo. Pega el carrete de hilo encima.
Introduce un lápiz primero por el carrete
y después por el agujero del cartón.

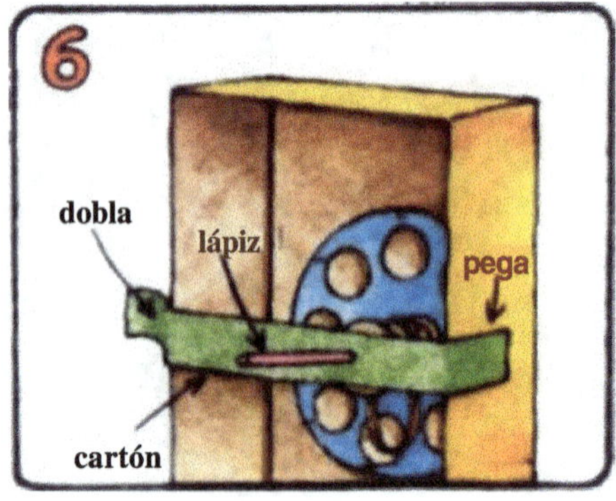

Corta una tira de cartón un poquito
más larga que la anchura de la caja.
Haz un agujero en el centro. Mete el
lápiz por él. Dobla hacia fuera los
extremos y pégalos a la caja.

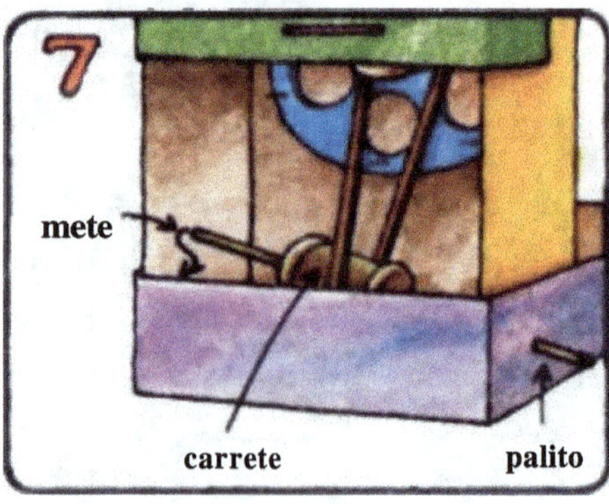

Haz un agujero a ambos lados de la caja.
Mete un palito por un lado y pega un
carrete en medio del palito. Pasa la
banda de goma alrededor. Saca el
palito por el otro lado.

Recorta ocho pequeños círculos de cartón.
Haz un agujero en cada uno cerca del
borde. Dibuja caras a tu gusto sobre los
círculos y clávalas con las chinchetas
al círculo mayor.

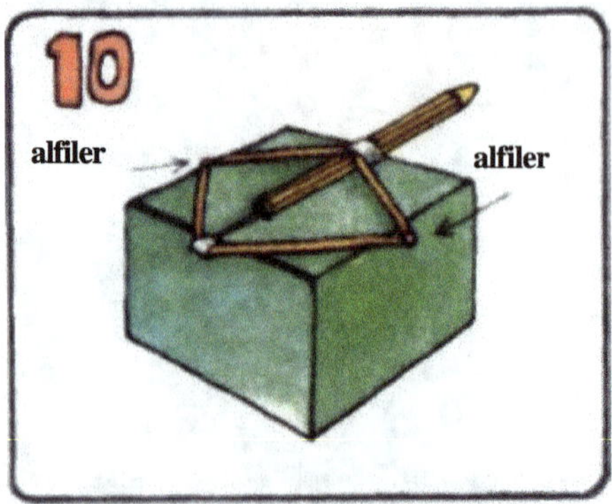

Mete un alfiler de cabeza gruesa a cada
lado de la caja pequeña. Coloca el
bolígrafo encima de la caja. Engancha
la banda de goma a los alfileres.

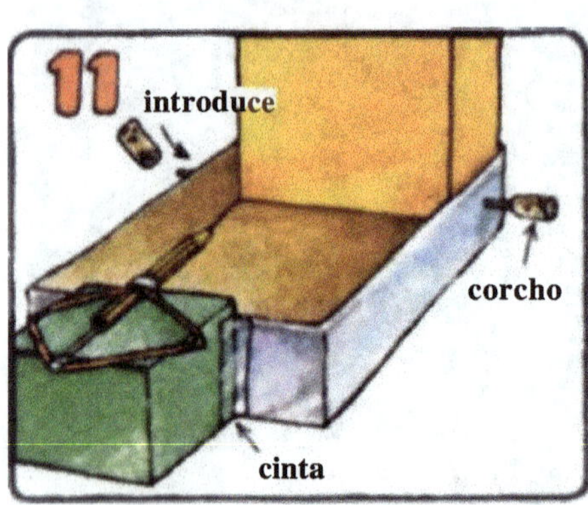

Pega la caja pequeña a la grande por un
extremo, con cinta adhesiva, como en el
dibujo. Agujerea los dos corchos y
mételos uno por cada palo.

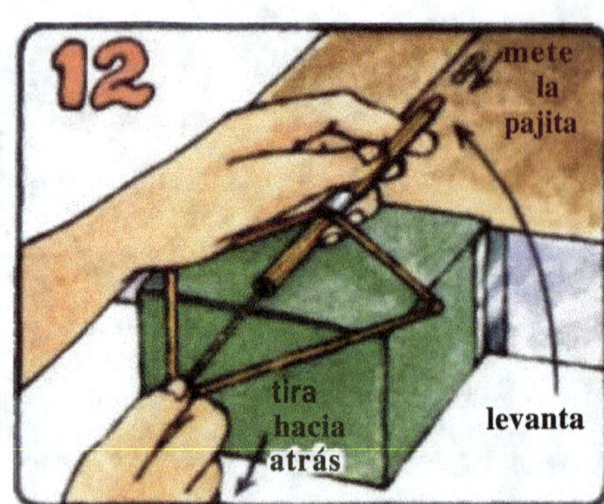

Para disparar, sujeta el tubo del bolígrafo
con el extremo apuntando hacia arriba.
Introduce un trozo de pajita por el
extremo. Tira hacia atrás el depósito de
la tinta. Apunta a una de las caras
pintadas y dispara soltando la goma.

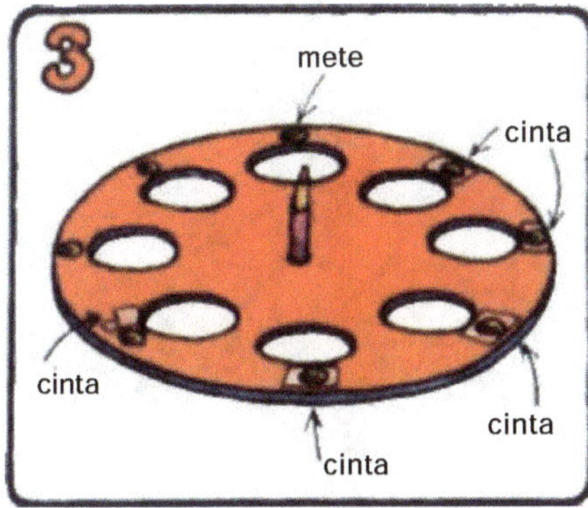

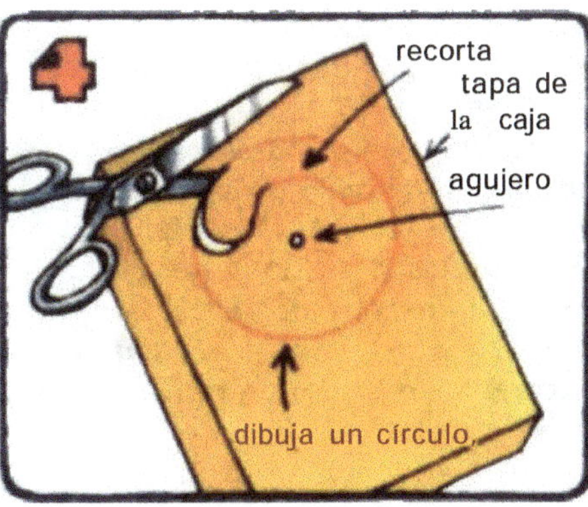

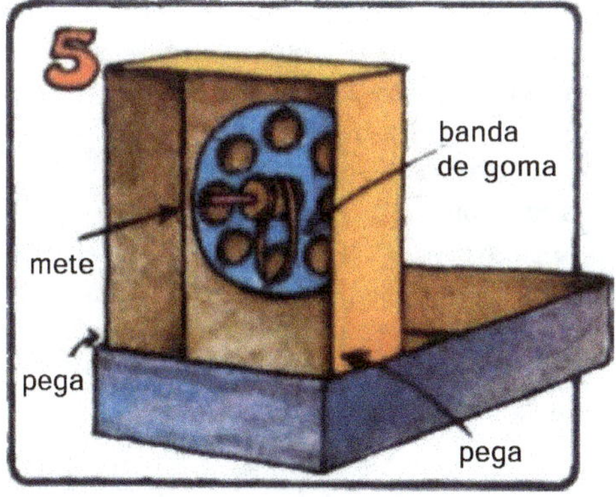

Dale la vuelta al círculo de cartón. Clava las chinchetas justamente al lado de cada uno de los ocho agujeros. Pega cinta adhesiva sobre cada chincheta.

Haz un agujero en medio de la tapa de la caja grande. Coloca el círculo sobre ella y dibuja su contorno. Dibuja y recorta la forma sobre el círculo, como se ve en el dibujo.

Coloca la parte inferior de la tapa dentro de la caja, como en el dibujo, Pégalas por los lados y por debajo. Mete el lápiz dentro del círculo a través del agujero de la tapa. Pon una banda elástica sobre el carrete.

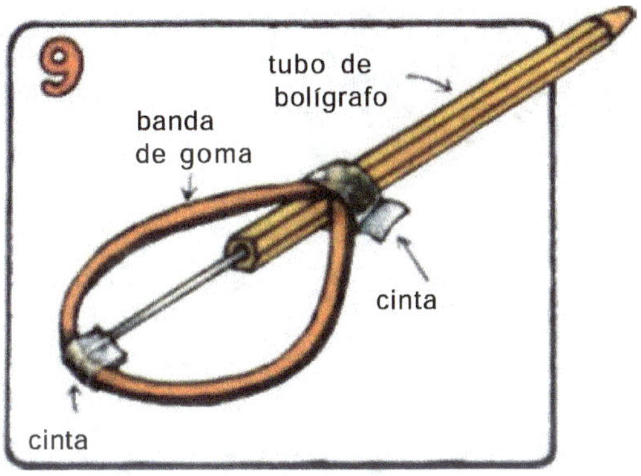

Toma el depósito del bolígrafo. Dale la vuelta e introdúcelo dentro. Haz un lazo con la banda de goma en torno al tubo del bolígrafo y sujétalo con cinta adhesiva. Sujeta de la misma forma, la banda de goma al depósito de la tinta.

Turnaros para disparar a las caras y dar vueltas al mando de corcho para que ellas aparezcan. Cuando se hayan derribado todas las caras, vuelve a colgarlas de nuevo, sujetándolas con las chinchetas.

Carreras de Autos Grand Prix

Haz tu propia pista y lanza tus autos a competir. Marcharán mejor si el suelo no tiene alfombra. Puedes hacer los circuitos de la forma que más te guste. Todo lo que tendrás que hacer, es atar las cuerdas a las patas de unas cuantas sillas más. Si las cuerdas resbalan y se salen de las ruedas, separa las sillas de las ruedas para ponerlas tensas otra vez.

Antes de empezar una carrera decide el número de vueltas en que va a consistir. Podrían ser dos vueltas si se trata de una carrera corta, y de diez si la carrera va a ser larga. El ganador será el primer auto que llegue a la linea de meta.

Necesitarás

2 autitos pequeños de juguete.
Una caja de queso redonda de cartón.
2 cuerdas gruesas de 5 m. de largo cada una.
2 imanes de herradura.
Una hoja de papel de lija.
2 clavos grandes.
2 lápices.
2 capuchones o tapas de bolígrafo.
Un trozo grande de cartón.
4 envases de metal vacíos.
Pegamento fuerte.

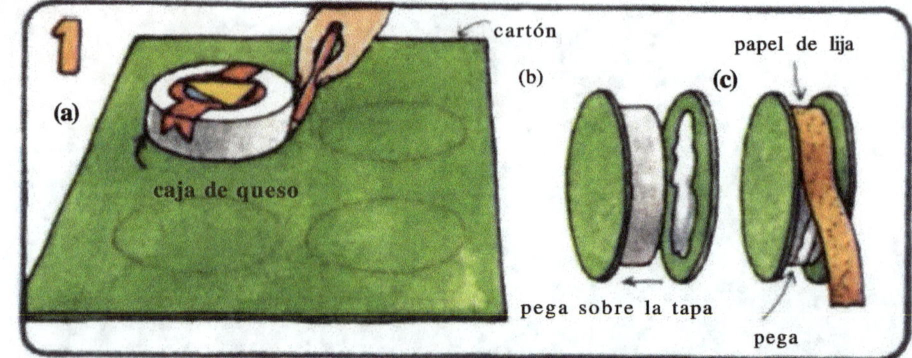

1 Dibuja cuatro círculos sobre el cartón, usando la caja de queso como guía (a). Recorta los cuatro círculos dándoles I cm. más alrededor de lo dibujado.

Pega dos círculos a cada lado de la tapa de la caja de queso para formar las dos ruedas (b). Pega una tira de papel de lija alrededor de las ruedas (c).

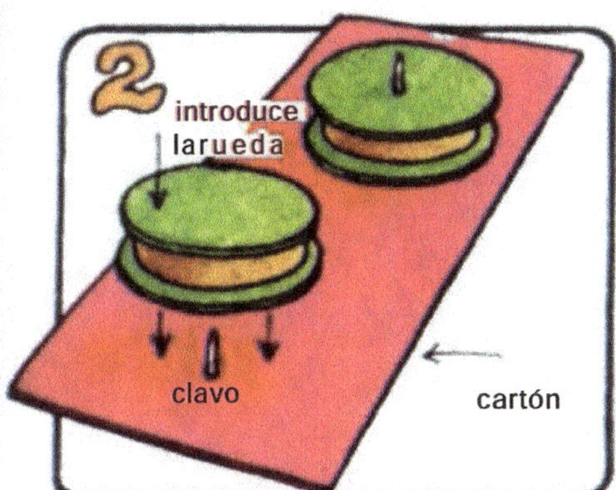

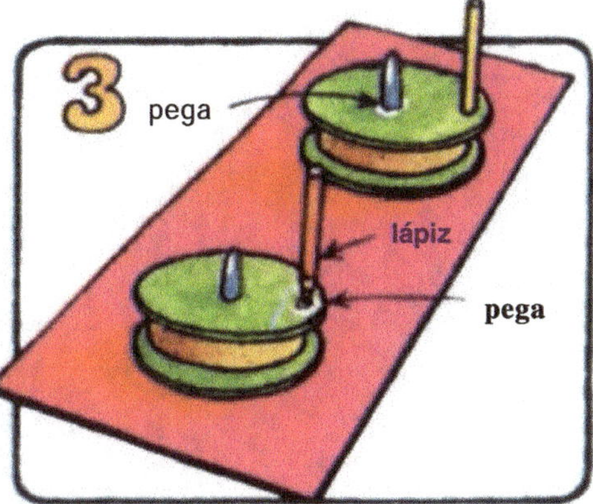

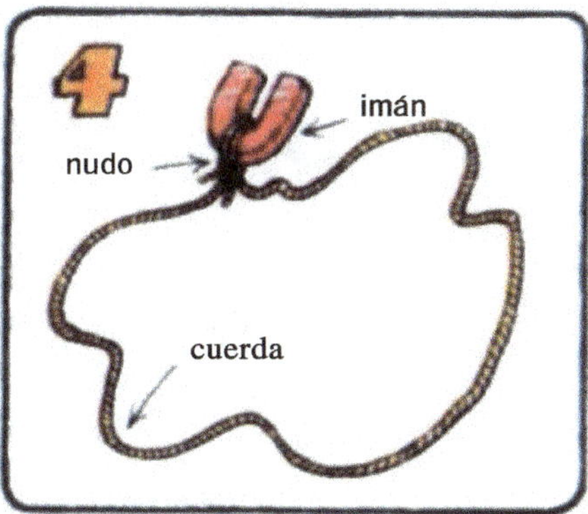

Introduce dos clavos en los dos extremos de un trozo de cartón. Pega cinta adhesiva sobre la cabeza de los clavos. Mete los clavos por el centro de las ruedas traspasándolas.

Pega un capuchón o lapa de bolígrafo sobre cada clavo, asegurándote de que el pegamento no pase a través de ellos. Introduce un lápiz dentro de cada rueda cerca del borde. Pégalos en su sitio.

Ata el imán a los dos extremos de un trozo de cuerda, sujetándolo con un nudo. Haz lo mismo con el otro trozo de cuerda.

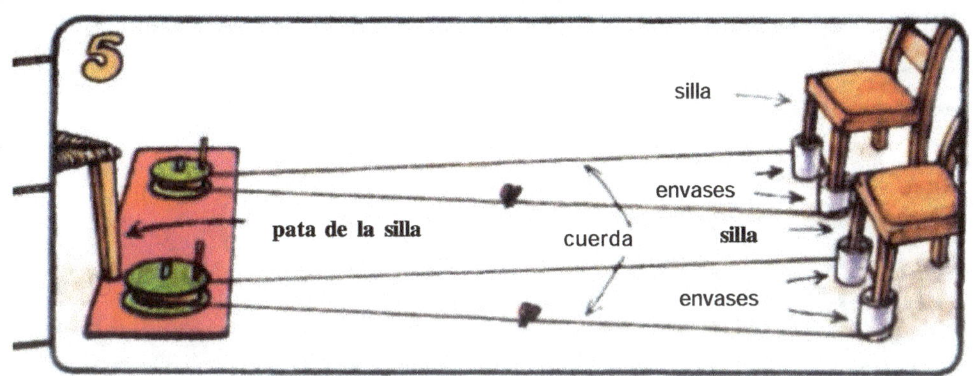

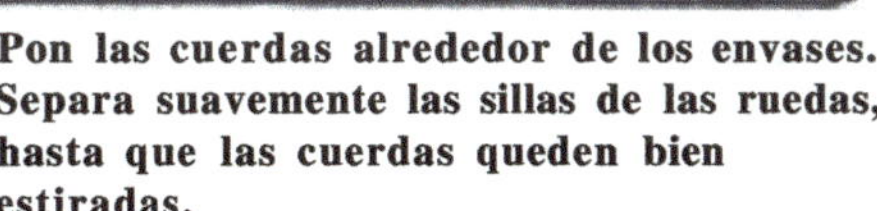

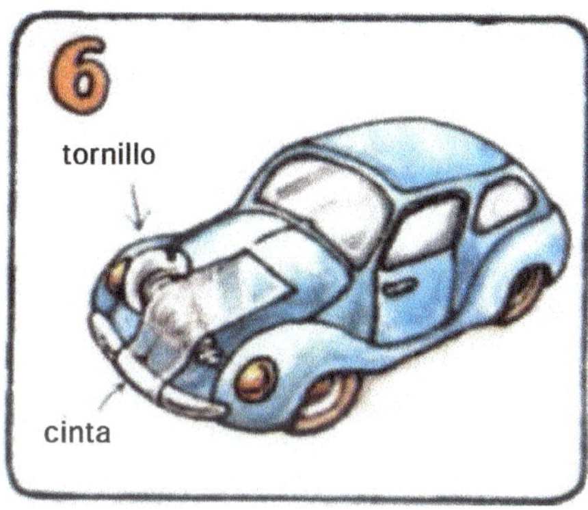

Coloca el cartón con las ruedas en el suelo. Pon la pata de una mesa o de una silla encima. Enlaza una cuerda alrededor de cada rueda. Mete las patas delanteras de dos sillas en los envases.

Pon las cuerdas alrededor de los envases. Separa suavemente las sillas de las ruedas, hasta que las cuerdas queden bien estiradas.

Intenta pegar los autitos a los imanes. Si no es posible, toma un tornillo pequeño y grueso y lo sujetas con cinta adhesiva bien fuerte, a la parte delantera.

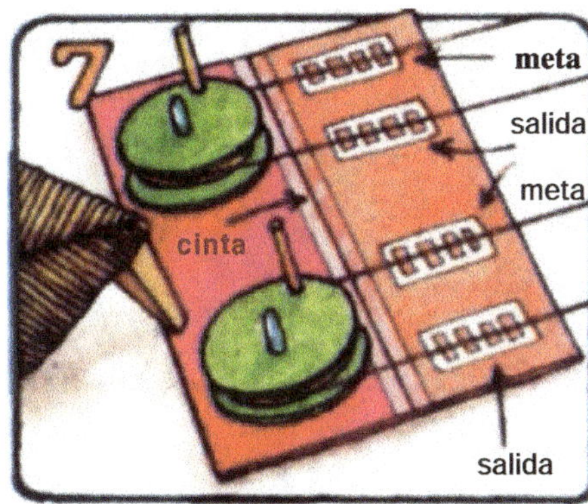

Sujeta con cinta adhesiva otro trozo de cartón delante del primero. Dibuja o pinta una linea de salida y otra de llegada, debajo de cada cuerda.

Para hacer que los autos corran, vuelve a enrollar los imanes a las líneas de salida. Pega un auto a cada imán.
A la orden de «partida», cada jugador irá enrollando su mando o rueda correspondiente, para impulsar los autos hacia adelante.
Si un auto se separa de su imán, enrolla el mando en sentido contrario o vuelve a sujetar el imán al coche.

Estos son los primeros ocho libros de Cómo Hacer

Cómo hacer Juegos con Papel
Cosas que se pueden hacer con papel, cartón y cartulina

Cómo hacer y manejar Marionetas
Guia sencilla de la técnica y manejo de las marionetas

Cómo hacer de Espías
Códigos secretos, trucos y disfraces

Cómo hacer Modelos de Aviones
Muchos modelos que realmente vuelan techos de papel y cartulina

Cómo hacer Baterías e Imanes
Modelos, juegos y experimentos sencillos y sin peligro

Cómo hacer Grabados y Pinturas
Muchas maneras de hacer dibujos y diseños

Cómo hacer Juguetes que funcionan
Muchas máquinas y aparatos sencillos con movimiento

Cómo hacer Juegos de acción
Muchos juegos sencillos para divertirse

LIBROS RECOMENDADOS

- Todo Sobre La Bolsa: Acerca de los Toros y los Osos, Jose Meli

- Piense y Hágase Rico, Napoleon Hill

- El Sistema Para Alcanzar El Exito Que Nunca Falla, W. Clement Stone

- La Ciencia de Hacerse Rico, Wallace D. Wattles

- El Hombre Mas Rico de Babilonia, George S. Clason

- El Secreto Mas Raro, Earl Nightingale

- El Arte de la Guerra, Sun Tzu

- Cómo Gané $2,000,000 en la Bolsa, Nicolas Darvas

- Como un Hombre Piensa Asi es Su Vida, James Allen

- El Poder De La Mente Subconsciente, Dr. Joseph Murphy

- La Llave Maestra, Charles F. Haanel

- Analisis Tecnico de la Tendencia de los Valores, Robert D. Edwards - John Magee
- Como hablar bien en publico e influir en los hombres de negocios, Dale Carnegie

Disponibles en www.bnpublishing.com